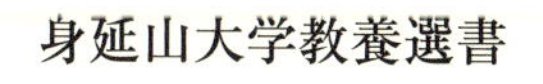

III

仏教福祉と家族問題

身延山大学仏教学部編

山喜房佛書林

発刊の辞

現在、身延山大学では生涯学習委員会主導の下、学園講座（平成八年より）、身延公開講座（平成九年より）、公開講演会（平成九年より）、甲府公開講座（平成十三年より）を恒例として、最近では静岡・京都・東京などの各地域においても「公開講座」を開催し、本学の知的財産を社会に還元する活動を行っております。このような活動をその場限りのものとせず、形としてその内容を残し、本学の教員が有する専門的な知識を、より多くの方々に向けて分かりやすい形で発信することを意図して企画されたものが、この『身延山大学教養選書』シリーズであります。

本学は他大学に比べ小規模であり、また昨今さけばれる厳しい財政状況下にありながらも、豊富な知的財産の社会還元を最優先事項の一つとして、教職員が一丸となって本シリーズの発刊に全力を傾注しています。

本学は、平成二十九年度を学部改組の年と位置付け、現在の一学部（仏教学部）二学科（仏教学科・福祉学科）四コース（文化・宗学・福祉学・こども学）制を、一学部一学科（仏教学科）三専攻（日蓮学・仏教芸術・福祉学）制へと変更し、新たな船出に舵をきります。

故に改めて社会福祉の諸問題に対して、仏教が寄与する部分をより鮮明にすべく、第三巻目となる本巻のテーマを『仏教福祉と家族問題』としました。

仏教に内包される社会福祉的要素を再認識し、そして新たに現代社会が抱える家族問題について仏教的一視座を提供するという目的意識の下、本書は構成されています。

執筆者はこの問題について真摯に受け止めながら、自らの持つ専門知識を各章において如何なくちりばめております。難解な表現となっている箇所も散見されますが、これは各執筆者の問題に対する受け止め方の違いであり、編集者がその意趣を尊重する形で読者の方々に提供できるよう、努力を重ねた結果であるとご理解いただきたいと存じます。

本学は小規模ではありますが、四六〇年を超える日本有数の学府としての歴史を有しております。この伝統を守るため、また今後も「社会のために身を以て尽くすことの出来る人間」の養成に、教職員一同、邁進してまいります。

平成二十九丁酉歳三月吉日

身延山大学生涯学習委員会委員　金　炳坤

序

現代という世相を表象するときに、その基本的な概念を定義する単位として語られる言葉に「家族」があります。わたしたちはこの世に生を受けてから、その一生を全うするまで、社会の構成員として、人間集団の中で暮らして生きます。家族は、社会を構成する単位の最小が個人であることに対して、個人が他人との相互的な関係によって築かれる最小の共同体、換言すれば「社会」の最小単位を意味します。この最小単位の共同体は血縁によって構成されていますが、現代という文脈ではこの家族の定義があやふやになってきています。その理由は、少子化・ＤＶ（家庭内暴力）・ネグレクト（育児放棄）・犯罪の低年齢化など、いずれも家族を単位として起きている社会崩壊の現象が顕著になっているからです。

本書では、最小の社会共同体である家族にスポットを当て、社会科学によるアプローチだけではなく、自他の観察に優れた方法論を有する仏教の視点も加えて論じることを企図しました。

仏教は、本来個人の人格的な完成を達成することを至極としてきましたが、釈尊と輩によりサンガ（僧伽、そうぎゃ）という生活共同体が形成され、三宝（仏・法・僧）の一つとして帰依の対象となりました。サンガは釈尊の教えを護り、実践し、伝える集団として、現在まで機能しています。二五〇〇年以上の時を経て受け継がれてきた三宝帰依の概念は、今なお色褪せることはありません。

本書に記された仏教という視点から家族を透過するときに、読書諸氏が有益に感じられる部分、それが現代の家族に最も有用な事柄なのかもしれません。

平成二十九年三月吉日

身延山大学仏教学部長　池上要靖

目次

第二章　日蓮聖人のお手紙に見る家族のあり方……43

身延山大学准教授　木村中一

第一章

釈尊とその家族

一　はじめに

仏教思想の観点から現代社会の家族問題を考えるとなると、多くの困難に直面することになります。何故ならば、仏教の教えは世俗的生活を捨ててサンガで修行生活をすることにより苦から解放されることを目指す教えであるからです。家族を捨てることが前提になっている教えでは、家族問題を論じることに意味がありませんし、あったとしても否定的内容になってしまいます。もちろん、釈尊の説法の中には、家族の在り方について言及する話も出てきますが、それは彼の教えの本質ではなく、一般的な譬え話となっております。そのような誰もができるよい話は、彼の人柄を示すかもしれませんが、それをもって釈尊の教えとすることはできません。釈尊でなくてもできる答えであるのならば、それは彼に求めるべきものでもありません。

しかしながら、現代の家族問題に対する解答を得ることができなくても、それを考えるきっかけを仏典の中に求めることはできます。釈尊が他人の家族についてどのように語っているのか、ということよりも、実際に彼の家族はどのような状況であったのかを知ることで、彼の家族観を理解することができるからです。そのために、ここでは釈尊自身の家族がどのように語られているのかについて焦点をあててみたいと思います。

ただし、釈尊の家族に関する諸情報については、伝承により異なるものが多く見られます。それ故に、これまでに釈尊の家族構成をまとめることはなされてきませんでした。ここに、仏典に説かれる物語から釈尊の家族関係をまとめてみますが、それは史的事実としての実際の釈尊の家族構成を示すものではなく、便宜上並べたものにすぎないことを記しておきます。

二　釈尊の出家

釈尊（ゴータマ・シッダッタ）の家族について見る前に、家族を捨てたとされる彼の出家について考えてみます。まず、釈尊の生涯につきましては、後の伝記などでは、八つの主要なトピックスが、降兜率、托胎、出胎、出家、降魔、成道、転法輪、入滅からなる八相成道としてまとめられております。最初の説法から後の仏教者としての活動である核心部分に対する言及は、転法輪の一項目にまとめられてしまい、その詳細は示されていないことがわかります。釈尊の偉大性を示すために、誕生から成道までに重点が置かれているわけです。彼が教えを説いた事歴については個々の経典に語られているからなのかもしれませんが、釈尊伝が書かれた視点は、彼の生涯の活動内容を示すよりも、釈尊の存在の偉大性を示す意図があったことは明らかです。

　また、この同じ意図を成道の解釈にも見ることができます。「ブッダになられた」と言う成道に対して、二つの解釈があります。「目覚めた」と理解すると、最初に根本となる教えに気づき、その内容を生涯にわたり発展させていった、と考えることができます。しかしながら、その偉大性を認めたい視点では、この時に「悟りを完成した」と理解し、後の生涯でこの時の内容を説法していった、という理解になります。そのような視点では、成道後の釈尊の人格的成長に関する記述は避けなければなりません。

それでは、出家とはどのようなものでしょうか。仏教教団が整備された後の出家とは、授戒師からサンガの規則である具足戒を受けて、サンガで共同生活をすることになります。この時に師から授けられる名前が戒名となるわけです。仏教教団が成立する以前の釈尊の出家においては、このような意味ではなかったことを確認しておきます。

その伝記において語られる出家の動機については、「樹下観耕」と「四門出遊」が知られております。まず、樹下観耕では、釈尊が農耕祭に参加した際に、大樹の下に座り畑を見ると、小さな虫が這い出てきたとたんに小鳥に捕まり、その小鳥はすぐに鷹に捕まってしまうことを見たとされます。この弱肉強食のありさまを目の当たりにして、生の無常性を感じたことを、後の出家の動機としているのですが、これは諸行無常の教義を前提にしたものであるように思えます。

もう一つの、四門出遊では、ある日、園林を訪れようと門を出ると老人がおり、自分もそのようになることを認識し、またある日、別の門を出ると病人がおり、人は病むものであることを認識し、またある日、別の門を出ると死者がおり、人は死を免れることはできないことを認識し、またある日、別の門を出ると出家修行者がおり、老病死を乗り越えるために自ら出家する意思をかためた、とするものであります。この生老病死は、四諦の苦諦の内容を示すもので、一切皆苦（いっさいかいく）の教義を前提とした動機付けのように思えます。

このいずれの説も、後の成道での悟りの内容にも関連するわけですが、彼が説いた教えに基づいたものであります。しかしながら、出家から成道の間には六年間あり、その修行である苦行を放棄した後に、樹下で瞑想することで成道したわけです。出家の目的を貫く為の試行錯誤した結果と解釈することも可能ですが、出家の動機と成道を分けて考えた方が現実的であるように思えます。

当時のインドのバラモン教には生涯を四住期（しじゅうき）に分ける考え方がありました。『マヌ法典』によると、バラモンの男子は七歳になると師に弟子入りしてヴェーダ聖典を学ぶ学（がく）

生期（しょうき）、学業を終えたら家に戻り、妻を迎えて男子をもうけ、祭式を行う家住期（かじゅうき）、その子供に財産を譲り、家を出て森林で修行に努める林住期（りんじゅうき）、晩年に一切の執着を捨てて森を出て遊行生活をする遊行期（ゆぎょうき）とに分けられます。王族の家系で育った釈尊は、おそらくこのバラモン教のシステムに従って成長したことにより出家した、と考えることができます。出家した際に同年代の修行仲間がいたことも、それを裏付けています。

この四住期に従うのならば、釈尊が出家したのは、世俗的生活を捨てることを決意したものというよりも、子供も成長したことで出家する年回りになっただけである、と考えることができるのです。このように考えますと、出家により釈尊の家族が捨てられた、というイメージは変わってまいります。

三　釈尊の家族構成

釈尊の家族が仏典においてどのように説かれているのかを見てみる前に、全体の家族構成をまとめてみます。名称につきましては、パーリ語の表記によるものです。

祖父　シーハハヌ
父　スッドーダナ
母　マーヤー
義母　マハーパジャーパティー（マーヤーの妹）
第一妃　ヤソーダラー
第二妃　ゴーピー
第三妃　マノーラター
長男　ウパヴァーナ（母ゴーピー）
次男　ラーフラ（母ヤソーダラー）
三男　スナカッタ（母マノーラター）
異母弟　ナンダ（母マハーパジャーパティー）

異母妹　ナンダー（母マハーパジャーパティー）
叔父　スッコーダナ（シーハハヌの第二男）
叔父　ドートーダナ（シーハハヌの第三男）
従兄弟　マハーナーマ（ドートーダナの子）
従兄弟　アヌルッダ（マハーナーマの弟）
叔父　アミトーダナ（シーハハヌの第四男）
従兄弟　アーナンダ（アミトーダナの子）
従兄弟　デーヴァダッタ（アーナンダの弟）
叔母　アミター（シーハハヌの娘）

これらの家族構成については、すべての伝承が一致しているわけではありません。この中でも、釈尊の妃の名称と数、デーヴァダッタの父など、経典により異なる説明をしているものもあります。さらに、ここにあげたものだけではなく、その他の親族に関する情報も仏典には出ている可能性もあります。すべての仏典の情報を集積することで、情報の伝承過程が明らかになれば、オリジナルの情報に近づくことは可能でしょうが、ここではそのような学術調査を目的にしておりません。したがいまして、その中心となる親族の情報のみを簡単に説明していきます。

四　釈迦族の系譜

釈尊は釈迦族の王子として誕生したとされているために、その家系が一族の系譜という記録でも語られます。この系譜は、『長阿含経』の「世記経」などの経典に述べられております。これらは、単純な系譜から次第に詳細な系譜に脚色されていったのでしょうが、『起世経』の「最勝品」の内容をまとめると、次のようになります。

甘蔗種（不善長）―足瞿―天城―牛城―広車―別車―堅車―住車―十車―百車―九（十）車―雑（色）車―智車―広弓―多弓―兼弓―住弓―十弓―百弓―九（十）弓―

雑（色）弓―智弓―獅子頬―浄飯　（『起世経』『大正』一巻三六四上中）

この系譜の「獅子頬」が釈尊の祖父シーハハヌ王、「浄飯」が釈尊の父スッドーダナになります。同じ経典の記述によると、浄飯には、白飯（スッコーダナ）、斛飯（ドートーダナ）、甘露飯（アミトーダナ）の兄弟と、甘露（アミター）の妹がおり、彼らが釈尊の叔父と叔母になります。

彼らの子どもについては、浄飯王の二子が、悉達多（シッダッタ）と難陀（ナンダ）であり、釈尊自身とその弟のナンダとなります。白飯の二子である帝沙（ティッサ）と難提迦（ナーギタ）、斛飯の二子である阿泥婁駄（アヌルッダ）と跋提梨迦（バッディヤ）、甘露飯（アミトーダナ）の二子である阿難陀（アーナンダ）と提婆達多（デーヴァダッタ）、甘露の一子である世婆羅（シーヴァリ）が釈尊の従兄弟となります。

この経典は、これに続いて釈尊の子である羅睺羅（ラーフラ）をあげて、バラモン、クシャトリヤ、ヴァイシャ、シュードラからなる四姓の解説が続いており、釈尊の祖先の系譜と同時に、彼の家系がクシャトリヤに属することが解説されています。

五　釈尊の両親

釈尊の両親は、コーサラ国の属国である釈迦国の王のスッドーダナと母のマーヤー（摩耶）であります。

まず、父親のスッドーダナのエピソードについては、それほど多くは説かれておりません。自分の第一子が王位継承を拒んで出家することを考えると、両者の間に大きな葛藤がありそうですが、そのような物語は重大事項として取り上げられておらず、出家が両者の関係を悪い方向に変えるようなものではなかったのかもしれません。もしもそうだとすると、前述のように出家は四住期の通過点でしかなく、その動機に宗教的意味付けをしたのは後代の創作なのかもしれません。

仏伝では、釈尊が出家し、成道してから六年間故郷に戻らず、スッドーダナがそれを憂いて、大臣を使わして釈尊に対してカピラヴァットゥに帰郷するように伝えた、ということが述べられております。釈尊の帰郷の物語を意味付けるものが、父親の子への思いにより描かれております。

律文献や仏伝では、この釈尊の帰郷の際に、彼の異母弟（いぼてい）であるナンダと息子のラーフラが出家するエピソードが述べられており、そこにもスッドーダナが登場します。すなわち、彼にとっては息子と孫の出家になるわけですが、その際に、自分の息子である釈尊の出家の際に自分が苦悩したことを思い出し、さらに孫の出家ではその苦悩がさらに大きなものになります。そこで、彼は息子である釈尊に対して、父母の許可が無しに出家することができない制度を設けるように願い、受け入れられます。このエピソードは、出家にまつわる時代を超えた問題を伝えております。現代においても、若者の新興宗教への入信が家族トラブルになったりしますが、そのような問題が古代社会においても発生していたことがわかります。それ故に、戒律にそのような事項を加えることが求められたのでしょう。

また、スッドーダナの臨終の際に、釈尊は、ラーフラ、ナンダ、アーナンダとともに床頭に座したとも伝えられております。出家者であっても、親の死に際には駆けつけることが示されていることから、釈尊だけではなく、その後のサンガにおいても出家により家族関係は解消されないことが確認できます。

母親のマーヤーにつきましては、釈尊誕生後に死亡しておりますので、釈尊には実母に対する記憶はなかった、と思われます。それ故に、仏典において登場するのは主に釈尊伝における誕生までの物語においてであります。すなわち、釈尊が兜率天より入胎して右脇よりルンビニー園で出胎し、その七日後に死亡することが伝えられています。伝承では、母体の右脇から誕生したことを伝えるものもあり、正常の分娩ではなかった可能性もあります。おそらく、それが原因で釈尊誕生の後に亡くなられたのでありましょう。そのために、釈尊自身には実母の記憶はほとんどないわけですから、成道後の説法の話題として取り上げられることもないのです。ただし、母が死に、養母に育てられたという情報は多くの伝承において語られている物語ですから、釈尊自身は実母の死をいずれかの時に知らされたことでしょう。

マーヤーの死後に釈尊を育てたのは、彼女の妹でスッドーダナ王に嫁いだマハーパジャーパティー（摩訶波闍波提）であります。伝承によっては、姉妹関係などに相違もありますが、彼女もスッドーダナとの間に男児ナンダと女児ナンダーを産んでおります。姉のマーヤー亡き後に、釈尊を幼少時から養育したために、彼女に関するエピソードがいくつか残っております。そのうち、最も知られているものが、彼女の出家に関する物語であり、『中阿含経』の「瞿曇弥経」をはじめとする多くの経典に説かれております。それらをまとめると、次のようになります。彼女は、釈尊が成道後に帰郷した際に新しい衣を作って布施をします。その後に、スッドーダナ王が入滅すると、彼女は出家を志し、釈迦族の他の女性たちとともに釈尊に出家を三度請いますが、女性の出家者の前例がないと三度ともそれを退けられます。釈尊がヴェーサーリに去って行くのを逐って、ようやくアーナンダのとりなしにより、八つの条件を守ることで出家を許されます。また、釈尊の入滅が近いことを知ると、それを恐れて、釈尊より先に入滅します。これらのことから、彼女が女性の出家者である比丘尼の僧団の成立の主役となっていることがわかります。それも、夫である王の死後とされていることから、その出家には家庭生活を捨てるのではなく、妻としての役目を終えてからの出家とされているのです。

六　釈尊の妃

釈尊の妃については、複数の伝承がありますが、三人の妃がいたようです。もちろん、現在の家族の在り方から見ると違和感が生じるかもしれませんが、釈尊が妃を迎えた時には、彼は釈迦族の王子であったわけですから、王室の繁栄のために複数の妃が存在したことは、十分にあり得ることだと思います。その妃については、『仏本行集経』（『大正』三巻七一五中）では、第一宮を耶輸陀羅（ヤソーダラー）、第二宮を摩奴陀羅（マノーダラー）、第三宮を瞿多彌（ゴーターミー）としております。

ただし、先ほどの『仏本行集経』『修行本起経』などでは三人の妃をあげていますが、他の仏伝では、『マハー・ヴァストゥ』『方広大荘厳経』『過去現在因果経』はヤソーダラー一人、『ラリタヴィスタラ』『普曜経』『太子瑞応本起経』はゴーピー一人になっております。おそらく、ヤソーダラーが女性出家者となる伝承から、彼女を第一妃にしたりして、妃を彼女一人にするようになったのでしょう。

最初に、第一妃とされるヤソーダラーについて見てみます。彼女は、釈迦族のスッパブッダ（善覚）王の娘であり、アーナンダとデーヴァダッタの姉とする伝承もあります。また、この王をマーヤーの父や兄とする伝承もあることから、彼女は釈尊と親族関係にあった可能性もあります。彼女は、釈尊との間に息子ラーフラを生むわけですが、その後に彼女にとっては夫と息子が出家をしてしまうわけです。そのために、現実的に釈尊の出家により最も辛い思いをした者なのかもしれません。そのような思いは、『ジャータカ』においても、描かれております。そこでは、自分を残して出家してしまった釈尊に対して自身の思いを綴ります。しかしながら、後に心を改めて、釈尊の修行の間に、自分も同じような苦行者の生活をする誓いを立てます。また、『律蔵』の「大品」などには、釈尊が成道後に帰郷した際に、彼女は歓迎して迎えることなく、息子であるラーフラを釈尊のところに向かわせ、釈尊の財産を要求させたことも伝えられております。釈尊は、これによりラーフラを出家させたとされており、この中にも、現代的な親権、相続権などの問題が含まれております。すなわち、家族の中の誰かが出家することは、さまざまな家族問題を生じさせることが、この時代においても認識されていたことがわかります。そのような問題を論じる役割を彼女が担っていたのでしょう。

釈尊の妃としては、前述のヤソーダラーが一般に知られていますが、仏典の中にはゴーピー（ゴーピカーやゴーパーとする場合もある）を最初の妃とするものもあります。仏伝でも、『ラリタヴィスタラ』『太子瑞応本起経』『普曜経』は、ゴーピーのみを妃としております。ただし、そこで描かれている彼女の姿は、釈尊が八万四千人の女性と遊戯した結果、ゴーピーが最高であったという記述であります。また、彼女は、顔を隠すことがなかったことを非難されると、心が乱れて慚愧（ざんき）がなければ裸と同じであり、心と感覚を制御した者は自らの夫に満足するので顔を覆う必要はない、と反論します。しかし、ヤソーダラーが女性出家者の代表として仏典に登場するのに対して、ゴーピーはその後の仏典では取り上げられなくなります。このことは、彼女が出家としての道を選択しなかったことにより、仏典の主題として用いられなかったからなのでしょうが、そのことが釈尊の妃の現実的姿を現しているようにも思われます。また、その他の伝承では、彼女は、釈尊の第二婦人で、不妊であったともされ、また、別伝では、生前に女性の心をやめて、男性の心を養い、死後三十三天に生まれたとされております。

前述の二人の妃に加え、第三の妃の存在を説く仏典もあります。ただし、彼女が単独で述べられることはなく、釈尊に三人の妃が存在したことを伝える場合に登場し、その名称も伝承により、マノーダラー（摩奴陀羅、常楽意）、ムリガジャー（密里我惹）、鹿野、と異なっております。『仏本行集経』では、釈尊の三人の妃のうち第二宮に居していたとされます。ただし、前二妃とは異なり、単独で仏典に登場することはないので、出家後の釈尊との関わりはあまりなかったと思われます。

七　釈尊の子

前述のように、釈尊には三人の妃が存在したことが伝えられていますが、このそれぞれとの間に子どもがいたことも伝えられております。

第一妃であるヤソーダラーの息子がラーフラ（羅睺羅）であります。前述のように、ヤソーダラーは、親子であるがために生じる相続の問題を彼に語らせることになりますが、『テーラガーター』では、ラーフラは自らが釈尊の息子であることに幸せを感じていたことが述べられています。また、彼の出家についても、釈尊が成道後に帰郷した際に、ナンダをはじめ多くの釈迦族の青年を出家させ、ラーフラは七日目にして出家したことが伝えられています。その時の彼の年齢は、六歳とか九歳などの諸説がありますが、いずれにしても沙弥の立場であり、後に成人して具足戒を受けて正式な出家者である比丘になったことになります。出家後につきましても、当初は釈尊の実子ということにより特別扱いを受け、それを自慢するようなこともありますが、後に、その分を弁えてよく制戒を守り多くの比丘にも敬われるようになったとされております。このように、前述のような、釈尊の息子であることから始まり、未成年の出家と、残された家族の問題などが彼に帰されていることがわかります。

第二妃であるゴーピーとの間の息子とされるのが、ウパヴァーナ（優波摩那）であります。この情報は、北伝資料の『仏説処処経』に基づいているものの、南伝資料ではそのような記述は見られません。また、初期経典についても、『テーラガーター』ではバラモンとして登場するものの、その他の経典では仏の侍者などとして登場します。ただし、特徴ある役割を担った者としては描かれていないことから、釈尊の実子であるのかも含めて、あまり多くが知られていなかったのかもしれません。

第三妃であるマノーダラーとの間の息子については、不明な点が多くあります。『仏説処処経』（『大正』一七巻五二六上）には、「仏姑子名須那察多」としてスナカッタ（善星、善宿）が紹介されます。この記述に基づいて、吉蔵の『法華義疏』などでは釈尊の第三妃の鹿野の息子としてあげられるようになります。彼は、『長阿含経』の「阿㝹夷経」（パーティカ経）では、教団から離脱した者として説かれております。そこでは、釈尊の侍者でありましたが、釈尊が神通力などを示さないことに不満を抱いて、ジャイナ教の行者に親近し教団を離脱してしまいます。釈尊は、神通力などは苦の消滅に無益であると諭しますが、それを理解しませんでした。また、別の伝承では、釈尊は、彼のことを、出家しないで王位を継いでいれば、その権力で仏法を破壊した、と説いております。このことは、彼が王族の者であることを示しております。いずれにせよ、伝承の違いがありますが、教団を去った者として登場する役割は一致しています。また、神通力が意味のないものであることを示していることは、この当時からそのようなもので威信を示そうとしている者がおり、そのことを釈尊が批判していたことがわかります。

八　釈尊の兄弟

釈尊はスッドーダナとマーヤーとの第一子であり、マーヤーが出産直後に亡くなっているために、この二人の間の兄弟はおりません。しかし、マーヤーの妹であるマハーパジャーパティーもスッドーダナの妃になっているので、この二人の間に生まれた異母兄弟がおります。それが、ナンダ（難陀）とナンダーの兄妹（けいまい）であります。

釈尊にとっての異母弟であるナンダは、容姿が端麗で釈尊に似ていることで知られています。『仏本行経』によると、彼は、釈尊が帰郷した二日後に、王子即位式と結婚式を行います。釈尊は弟を出家させようとして、式場に入っていて鉢を渡し、立ち去ります。ナンダは鉢を返すために後を追い、釈尊の精舎まで来てしまい、出家したとされております。それ故に、日々妻のことを思っているので、釈尊は彼に美しい天女を見せると、彼は天女を得るために修行する決心をします。ただし、それでは煩悩のために修行していることになってしまうことに気がつき、修行に専心するようになります。彼は、釈尊の弟であるために、出家前の釈尊と同じく、王位継承の立場にいたことになります。すなわち、釈尊はナンダに自分自身を見ていたのかもしれません。王子になって世俗で苦しむよりも、出家の苦からの解放の道を明らかにしたからこそ、同じ道を勧めたのでしょう。また、ここに説かれている修行専心の動機付けが不純なものとなっておりますが、そのことが逆に現実的姿を示しているようにも思えます。きっかけは高尚なものでなくても、修行の意義に気づくことが大切なわけです。

釈尊にとっての異母妹（いぼまい）であるナンダーは、その美貌からスンダリー・ナンダー（端麗なるナンダー）と呼ばれました。彼女は、伝承によりナンダの妹とも、妻ともされており、釈尊から見たら異母妹、あるいは義妹となります。『テーリー・ガーター』の注釈書によりますと、彼女は、釈尊が帰郷した際にナンダとラーフラを出家させ、シュッドーダナが亡くなり、マハーパジャーパティーとヤソーダラーが出家したので、自分も出家しようと決心します。しかし、釈尊は、信により出家したのではなく、兄と甥と母と叔母の親族に対する情愛からしたので、出家した後にも容色に頼って驕(おご)りが生じるとし、彼女に対して身体の不浄観の観想を教示します。ここでは容姿の端麗などの世俗的価値は儚(はかな)いものであることが説かれているわけです。しかし、少し異なる角度から見てみますと、父王の死後に釈尊の家族が皆出家したことも伝えています。このことは、釈迦族の小国が後にコーサラ国に滅ぼされるという外的要因があったのかもしれませんが、家族のすべてが釈尊の教えに追随したことを示しています。教えを広めるにあたり、まずは親族から、ということだったのかもしれません。

九　釈尊の従兄弟

釈尊の父であるスッドーダナには、前述のように、スッコーダナ、ドートーダナ、アミトーダナの三人の弟と、アミターの妹がおります。彼らの子どもが、釈尊の従兄弟になりますが、ドートーダナとアミトーダナの息子が仏典に登場します。

ドートーダナには、マハーナーマとアヌルッダの二人の息子がいます。そのうち、兄のマハーナーマは、釈尊の帰郷の際に釈迦族の青年が皆出家したことで、弟のアヌルッダと相談をします。そこで、彼は弟に出家を勧め、自らは釈迦族の家系を守るために家に残ったとされています。すなわち、彼は在家信者として教団を支える側になり、模範的な信者となるのです。『相応部経典』などに彼の話が登場しますが、そこでは在家者の在り方を釈尊に問うております。釈尊の教えを実践するためには、出家して悟りを目指すことになりますが、皆が出家してしまったら教団を支えることはできません。そのために外部から教団を支える者の役割が彼に帰されていたのでしょう。このことから、初期の時代から在家者の存在の重要性も説かれていたことがわかります。

　マハーナーマの弟であるアヌルッダ（阿那律）の出家については、『テーラガーター』に記されています。彼は叔父であるスッドーダナに促されて釈尊の随員として派遣され、そこで出家します。彼は天眼第一としても知られておりますが、『増一阿含経』の「力品」によりますと、彼は釈尊の説法の座で居眠りをしてしまい、それ以後釈尊のそばにいる間は眠らないことを誓います。しかし、長時間睡眠しないことにより失明してしまい、肉眼を失いますが、智慧の眼である天眼を得たとされております。また、釈尊入滅に馳せ参じてアーナンダを慰め、直後の処置に当たりますが、その後の教団の動きには加わらなかったとされております。

　スッドーダナとドートーダナの弟であるアミトーダナには、アーナンダとデーヴァダッタの二人の息子がいます。前述のように、彼らをヤソーダラーの弟とする伝承もありますが、二人が兄弟である点は一致します。そのアーナンダは、釈尊が帰郷した際に出家し、後に釈尊の侍者となり、晩年の二十五年間奉仕します。前述のマハーパジャーパティーの出家をアーナンダがとりなした話も、彼が釈尊の近くにおり、出家者や在家者の要望を伝えやすい立場にいたことを示しているのかもしれません。『長阿含経』の「遊行経(ゆぎょうきょう)」(『大正』一巻一五中)では、彼が釈尊の臨終の場にいた際の様子を伝えております。釈尊の臨終が近いことを知り一人で泣いていると、釈尊は自分の死後の出家修行者の在り方を伝えます。釈尊亡き後には自分自身を頼りとするべきで他者を頼りとせず、釈尊の教えである法を頼りとすべきで他のものを頼りにすべきでないという自灯明・法灯明として知られる教えであります。また、釈尊に長い間従事していたことから、その教えを多く聞く機会をもてたために、釈尊滅後の経典編纂の際においても重要な役割を担うようになります。

　アーナンダの弟であるデーヴァダッタについては、兄とは反対の役割があてがわれているようにも見えます。その後の経典では、教団を裂こうとした者として広く説かれるようになっております。その出家につきましては、スッドーダナ王が、二人兄弟の者は一人を出家させよ、と布告し、兄のアーナンダが出家したので彼は家に残った、と伝えられます。このことは、釈尊の教えがどんなにすばらしくても、家に残る者も欠かせないことを示しております。彼は、後に出家し、十二年間善心で修行を行いますが、次第に利得と名声を求めるようになり、律の「破僧犍度」のモチーフにもなるサンガの分裂を企てるようになります。破僧は、彼が釈尊に教団を譲るように頼みますが、釈尊に叱責されることに起因しています。これを機会に、彼は釈尊に対して怨みを抱き、反逆するようになります。そこで、彼はアジャータサットゥを唆して父王を殺させ、自らは釈尊を殺すことを計ります。しかし、これに失敗すると、釈尊に厳格な五つの実践を迫りますが、釈尊はそれを認めないことから、五百人のヴァッジ族の比丘を率いて、教団を裂いて独立することを企みます。このように、デーヴァダッタは集団から独立するような野心家として描かれていますが、そのような者はいずれの社会においても存在するものです。実際に、仏教教団もさまざまな理由により分裂していきますが、集団を維持する際には、そのような危機が訪れることも示しています。

十　仏典に説かれる親子関係

次に、仏典の中で家族の問題を伝える事例を取り上げます。ただし、いずれもが世俗的な家族の問題を論じているのではなく、家族関係をモチーフとして釈尊の教えを説くものになっております。

まず、前述のデーヴァダッタと関連して説かれているアジャータサットゥ王子の父殺しの物語について見てみます。このモチーフは、大乗経典にも取り入れられ、『阿闍世王経』が作られ、『観無量寿経』は東アジアで広く読まれるようになります。現代においても、精神分析医の古澤平作、小此木啓吾により阿闍世コンプレックスとして一般にも知られるようになりました。

『根本説一切有部毘奈耶破僧事』によると、マガダ国のビンビサーラ王は、釈尊に帰依した最初の王であり、ラージャグリハの竹林を教団に寄進したことでも知られています。彼の息子であるアジャータサットゥは、デーヴァダッタに、自分は釈尊を殺して新しい教団の指導者になるので、父王を殺して新王になるように、とそそのかされます。王はそのことを知ると、父子間の争いを避けるために、アジャータサットゥに王位を譲ります。それでも、彼の殺意はなくならず、父王を幽閉し、餓死させようとします。それを知った王妃のヴェーデーヒーは王に食事を運び、それが発覚すると自分の身体に蜜を塗り込めて、王の部屋に通います。しかし、アジャータサットゥはそれを知ると母親も幽閉してしまいます。その同じ時に、彼の息子が皮膚病にかかってしまい、その子どものために血膿を自らの口で吸い、吐き出すと、息子は驚いて泣いてしまいます。それを見たヴェーデーヒーは、かつてアジャータサットゥも皮膚病になり、父王は血膿を吸い、彼が驚かないようにそれを飲み込んだ話を伝えます。それを聞いたアジャータサットゥは父王を解放しようとしますが、彼は亡くなってしまいます。この回心の内容については、伝承により異なっておりますが、この物語では明らかに家父長制における家督の相続の問題が語られております。もちろん、その主題は父殺という重罪を行ったアジャータサットゥの救いでありますが、それだけではなく、実に世俗的な家族問題に対する解答も与えていることがわかります。

　次に、家族と死別した女性の物語を二つ取り上げます。彼女たちの物語は、女性出家者話をまとめた『テーリー・ガーター』などに見られます。一つは、キサー・ゴータミー比丘尼の物語です。貧しい家の生まれである彼女は、子供を産んでから家族に大切にされるようになりました。ところが、その子供が歩けるようになったところで突然に死んでしまいます。彼女は、その子どもの火葬を拒んで、子どもが生き返る薬を求めて、その亡骸を抱いて家を尋ね歩きます。そこで、ある人が、釈尊の所に行き、薬をもらうように勧めます。彼女は釈尊のところに向かうと、釈尊は彼女に対して、まだ一度も死者を出していない家から白い芥子の粒をもらいなさい、と伝えます。彼女は、何軒か家を尋ね歩くうちに、生きている人よりも死者の方が多いことに気がつきます。そこで死はこの世に生を受けたものの定めであることを理解して、釈尊のもとで出家します。

この物語では、人は死を避けることができないことが説かれています。しかし、自分の死により死を認識することはできません。そこで、子どもと死別することで、すべての人に死が訪れることを認識するわけです。その死を認識した上で、生死のとらわれから解放されるために涅槃を求めることが出家修行者の道になるわけです。しかし、この話をもう少し深読みしますと、母親にとって最も大事な存在を失うことを示すために、その子どもの死が語られています。実母を幼少の頃に失った釈尊に、そのような母子関係の絆を語らせているわけです。また、子どもを失うことで、悟りを求めることに気づき、出家したわけですが、育てるべき子どもを捨てて出家するようなことは説かれていないのです。

同じように、子どもを失う母親の物語が、パターチャーラー比丘尼の物語であります。

彼女は裕福な家庭に育ちますが、召使いの男と恋仲になり、親が決めた結婚式の日に家を出てしまいます。最初の子どもができた時に、実家に戻って生みたいと思いますが、それが叶いませんでした。二人目を妊娠した時に、夫が一緒に行ってくれないので、一人で実家に戻ると、夫は後を追います。その途中で暴風に遭い、その中で第二子を出産します。夫は、雨を避けるための小屋を作り、資材を求めて森に入っていくと、毒蛇に咬まれて死んでしまいます。翌日、夫の死を知るも、実家に向かうと、今度は暴流の川に出遭います。まず小さな子を抱いて対岸に置いて戻ると、その子は鷹に襲われてしまいます。鷹を追い払おうと手を振ると、上の子が呼ばれていると思い、川の中に入り濁流にのまれてしまいます。このように夫も二人の子も亡くして、ようやく実家に戻ると、父母や兄弟も暴風で倒れた家の下敷きになり、死んだことを聞かされます。このように、家族のすべてを失い、気が顛倒している彼女を釈尊は見て、無常の世において、家族は拠り所とならず、涅槃の世界だけが真実であることを説きます。それを聞いた彼女は出家してマハーパジャーパティーのもとで修行を積んで聖者となるのです。

この物語では、家族を失った者に対して、家族よりも出家修行の方が意味のあることと説いているわけですが、家族が意味のない捨てるべきものであると説いているわけではありません。出家の価値観を高めるために、世俗において最も価値があるものと比較対象としてあげているわけで、家族が大切なものであることもそこに示されているのです。

十一　『法華経』に登場する釈尊の家族

次に、大乗経典の中で釈尊の家族がどのようなモチーフで語られているのかを見てみます。大乗仏教の成立時期は釈尊が亡くなられてから四百年ほど後になります。初期仏典とは異なり、物語性が豊かになった経典において描かれる釈尊は、彼のありのままの姿が語られていると言うよりも、経典の編纂者たちが理想とする姿に基づいております。そこで語られる釈尊の家族たちも、それぞれの経典の教義を語るための要素として登場することになります。

　ここでは、大乗経典のうち、東アジアで広く読まれている『法華経』を取り上げます。『法華経』のテーマは「一切衆生悉皆成仏（いっさいしゅじょうしっかいじょうぶつ）」と言われており、すべての者が仏になる可能性をもつことが説かれております。先行する大乗経典では、大乗である利他主義を強調するために、小乗とされる声聞と縁覚の二乗のものは成仏できず、成仏するためには、大乗の菩薩行を実践しなければならないことが説かれました。ただし、この教えでは、成仏できない者を認めることにもなります。『法華経』の編者は、これを三乗として、大乗に入れるための方便として説いたものにすぎず、真実としてはすべての者が成仏の可能性をもつことを説きます。これが、「一乗」と言われるもので、釈尊がこのことを証明するために、声聞の者たちに対して将来の成仏を予言します。そこにおいて、すべてのものの成仏を説く用例として、釈尊の家族たちが登場するわけです。

　まず、第九章の「授学無学人記品（じゅがくむがくにんきぼん）」に釈尊の従兄弟であるアーナンダ（阿難）と息子であるラーフラ（羅睺羅）が登場します。章のタイトルの学無学とは、まだ学ぶべきことがある修行者と、もはや学ぶべきものがない修行者とを意味します。これらの二千人の声聞たちがアーナンダとラーフラとともに、釈尊に自分たちも授記を得たいと申し出ます。すると、釈尊は、アーナンダとラーフラを上首とする二千人の声聞たちに授記をするのです。すなわち、ここでは成仏できないとされた声聞の代表としてアーナンダとラーフラの名前があげられているのです。

第十二章の「提婆達多品」は、もともとは直前の「見宝塔品」に含まれ、章として独立していませんでした。この章では、釈尊滅後の『法華経』の伝授にテーマが移っております。そこで、釈尊が過去世において『法華経』を求め続けて、王位を捨てた時に、『法華経』を説いてくれると言う仙人に出会い、給仕し、悟りを完成します。その仙人が、今のデーヴァダッタであり、未来世において天王如来になることが授記されます。ここでは、デーヴァダッタの逆罪に対する言及はありませんが、そのことは、彼の逆罪が周知のものであったことを示しています。すなわち、悪業を犯したものの代表としてデーヴァダッタを登場させ、そのような者の成仏の可能性を示しているのです。

第十三章の「勧持品（かんじほん）」では、授記された男性出家者たちが将来の『法華経』の流布を釈尊に誓うことから始まります。その時に、釈尊は六千人の女性出家者たちとたたずんでいる養母のマハーパジャーパティーに対して、将来、菩薩行を完成して一切衆生喜見如来になり、六千の比丘尼たちに授記する、ということを予言します。また、釈尊の妻であったヤソーダラーは、釈尊が自分の名前をあげてくれなかったと思っていると、その心を見通した釈尊はヤソーダラーに対して、具足千万光相如来になることを授記します。ここで、マハーパジャーパティーとヤソーダラーは、女人成仏の代表として登場したと考えることができます。

このように、『法華経』では、従兄弟のアーナンダ、息子のラーフラ、従兄弟のデーヴァダッタ、養母のマハーパジャーパティー、妻のヤソーダラーが登場します。そこでは、彼らが釈尊の親族であるという記述はありませんが、釈尊の家族が出家していたことが後代においても周知されていたことを示しております。このようなことから、初期経典では、釈尊の家族がそれぞれのモチーフの中で登場しているのに対して、大乗経典では、一つの経典の中でそれらがまとめられて説かれていることを確認できます。

十二　まとめ

このように、釈尊は出家修行者として自らの教えを説くわけですが、釈尊の家族もその教えに従い、そのうちの多くの者も出家していることがわかります。また、釈尊の家族が仏教教団成立における重要なポイントで登場していることがわかります。すなわち、養母であるマハーパジャーパティーは女性出家者の誕生に、ラーフラの出家は年少者の出家、デーヴァダッタはサンガにおける反対者への対応などにおいて、主要な役回りを演じております。その一方で、父親であるスッドーダナや、ヤソーダラー以外の妃は、出家後の教団に直接に関与していなかったために、あまり多くの登場は見られません。

もちろん、これらの情報がすべて歴史的事実を示すわけではありません。しかし、釈尊の家族が経典の中でどのように説かれているのかを見ることで、経典の編纂者の意図を知ることが可能であります。経典というものは、必ずしも歴史的事実を伝えているのではなく、そこにどのような教えが示されているのかが重要なものであるからです。そのことから、初期経典において、彼らが伝えたかった家族の問題をこれらの記述の中に見ることができるのです。

このようなことからも、仏典をよく読んでいけば、現在の家族問題を解決するようなヒントを見つけ出すことができるかもしれません。そのような視点から仏教経典を見てみると、仏教の現代的意義を再認識することができます。

第二章

日蓮聖人のお手紙に見る家族のあり方

一　はじめに

「死身弘法」

法華経弘通に一生涯を捧げられた日蓮聖人について皆さんはどのようなイメージをお持ちでしょうか。「大難四箇度、小難数知れず」と称されるように、その強烈な法華経弘通の生涯から、あらゆることに厳格で筋骨隆々の、屈強なお姿をイメージされる方が多いでしょう。まさしくこのようなイメージは聖人ご自身が「自らは無戒の比丘」であると述べられ、また他宗に対し凄烈な排斥を加えたことが要因となっていると想像するに難くありません。しかし聖人とは本当にそういう人物であったのでしょうか。聖人が記された書物には確かに厳格な言葉もならびますが、その一方で弟子檀越に宛てられた手紙の多くには人々の心に寄り添い、時には思い悩む者を励まし、時には共に悲しみ涙する温かく大きな心を持つ、先のイメージとは真逆の、語弊をおそれず言えば、非常に「人間くさい」一面をうかがい知ることができます。

聖人が記された書物は総称して「御遺文（ごいぶん）」、もしくは「御書（ごしょ）」などと言います。その中には先述のお手紙（書状）も含まれます。そこで、書状の内容についてみると、

（一）供養の品々に対する返礼

（二）『法華経』受持の勧奨

（三）宛所やその周囲に対する気遣い

の三点は、ほぼ全てに記されており、特に（三）より先述しました聖人の優しさや気遣いをうかがうことができます。そしてこれらは弟子檀越のみならず、現代に生きる我々にとっても心に響く大いなる「言葉」として、安心（あんじん）ともいうべき安らぎにも似たような気持ちを感じさせるものとなっています。

檀越に宛てた書状の内容

日蓮聖人が檀越に宛てた書状をみると、多くの檀越が様々な事柄で思い悩み、聖人にその心中を吐露（とろ）していたことを知ることができます。試みにその内容を二区分に大別すると、

〈区分一〉
（一）親子間に関するもの
（二）夫婦間に関するもの
（三）兄弟間に関するもの

〈区分二〉
（一）死別
（二）信仰
（三）孝養
（四）争い

とすることができます。一つ一つ簡単に確認すると、まず〈区分一〉の（一）親子間に関するものを挙げれば、聖人の大檀越の富木常忍の妻と、その子であり聖人の弟子である日頂上人のお話を挙げることができます。また〈区分一〉の（二）夫婦間に関するものを挙げれば、夫婦共に聖人の弟子檀越となった阿仏房・千日尼のお話を挙げることができ、これには〈区分二〉の（二）信仰を、そして二人の息子である藤九郎守綱の話においては〈区分二〉の（三）孝養をみることができます。このお話については後述いたします。さらに〈区分一〉の（三）兄弟間に関するものを挙げれば、信仰のあり方について確執が生じた兄（池上宗仲）と父に対して、弟（兵衛志）が板挟みになったという池上兄弟のお話が挙げられます。この件に関しては〈区分二〉の（二）信仰と（四）争いが該当することが分かります。このように、聖人の書状には弟子檀越の家族に関するものも多く存在し、そしてそれらから聖人の家族観ともいうべき態度をうかがい知ることができます。

今回、「日蓮聖人のお手紙に見る家族のあり方」と題して、聖人の記された書状より、特に家族に関するものを取り上げ、それらに記される言葉、家族のあり方について現代に生きる我々がどのように受け止めていくべきかを考えていきたいと思います。

二　夫・息子に先立たれた女性への手紙―「光日房御書」―

「光日房御書」とは

日蓮聖人の特徴の一つとして挙げられるのが女性に宛てた書状の多さです。聖人が末法の世の人々を救う正法として依経とされた『法華経』には「女人成仏」が説かれており、そのことも女性檀越が多い要因の一つとして挙げられますが、混迷を極めた鎌倉という時代を生きた女性の心に寄り添う聖人の姿が、まさしく『法華経』の文言を通じて信仰者のあるべき姿を示すと同時に、女性の子を想う気持ちや夫婦間での想い、また病などの苦しみに対する回答が、文言を通して女性檀越の心をうったからとも言えます。

ではまず夫、そして愛する息子に先立たれた女性檀越である光日尼（光日房）に宛てられた「光日房御書」に視点をあて、悲しみに沈む女性に寄り添う聖人の姿を、そしてその家族観を見てみたいと思います。

聖人身延在山中、聖人の故郷である安房国の住人である光日尼より手紙が届きます。その内容は、夫を亡くした光日尼に再度降りかかった息子（弥四郎）の死という訃報であり、これに対する聖人の返書が「光日房御書」であります。ここには、聖人の父母に対する心情、相次ぐ不幸に遭遇した光日尼に対する励ましと信仰のすすめ、そして光日尼の息子である弥四郎の成仏が疑いないことが記されます。

聖人の父母に対する想い

日蓮聖人は仏教者として両親に対して、現代に生きる私たちにとって大変厳しい態度を取られております。仏教において真の信仰、真の報恩を語る上で『法華三昧行法』などに説かれる「棄恩入無為　真実報恩者」という一節がよく挙げられます。これは世俗の主君や親、師匠などから受けた恩などを捨てても、仏道を習い究める者こそが真の報恩の者であるという意味です。現代で言えば親や師匠からの恩を捨てることは「不孝者」の何者でもないように思われがちでありますが、実はそうではないのだと聖人も述べられます。

聖人の御遺文「盂蘭盆御書」の有名な一節に、

> 悪の中の大悪は我が身に其苦をうくるのみならず、子と孫と末へ七代までもかゝり候ひけるなり。善の中の大善も又々かくのごとし。目連尊者が法華経を信じまいらせし大善は、我が身仏になるのみならず、父母仏になり給ふ。上七代下七代、上無量生下無量生の父母等存外に仏となり給ふ。乃至子息・夫妻・所従・檀那・無

量衆生三悪道をはなる、のみならず、皆初住・妙覚の仏となりぬ。故に法華経の第三に云く願くは此の功徳を以て普く一切に及ぼし我等と衆生と皆共に仏道を成ぜん云云。

（「盂蘭盆御書」『定遺』一七七四頁）

という部分があります。ここには「悪の中の大悪というのは自らにその苦しみがくるばかりでなく、子や孫にまでその苦しみは降りかかる。返って、善の中の大善というのも同様である」と述べられ、釈尊の十大弟子である目連尊者の母に関する説示を挙げて、「目連尊者の法華経信仰により、自らが成仏するばかりか、父母もその功徳によって成仏することができるのである」とされます。つまり、世俗の恩に縛られることなく、真の仏道を成就することにより、その功徳は全ての周囲に等しく行き渡るのであるというのです。

上記をふまえて、同じく御遺文『報恩抄』をみると、

仏法を習極めんとをもわば、いとまあらずは叶べからす。いとまあらんとをもわば、父母・師匠・国主等に随ては叶べからず。是非につけて、出離の道をわきまへざら

んほどは、父母・師匠等の心に随（したごう）べからず。（『報恩抄』『定遺』一一九二頁）

と述べられており、仏法を習い究めるためには暇（いとま）を止めなければ、それは叶うことはない。また両親や師匠などに従っていては同じように叶わない。生死の無常からの脱却を目指すならば、その願いが成就するまで両親や師匠に従っていてはならないと示されています。仏道、覚りへの道こそが最も大切であり、それを求めるためには全てを排斥しなければならないのであると述べられるのであります。しかしその一方で、仏道に邁進（まいしん）することにより、実はその功徳によって父母・師匠・主君等は救済されるのであるとされ、これこそが仏教における「真の報恩」であり、「真の孝養」であるとされるのです。

しかしその一方で、聖人は世俗的な「両親への孝養」というものも記されています。

「光日房御書」の冒頭には、

但（ただ）本国にいたりて今一度、父母のはかをもみんとをもへども、にしきをきて故郷へはかへれといふ事は内外（ないげ）のをきてなり。させる面目（めんぼく）もなくして本国へいたりなば、不孝の者にてやあらんずらん。これほどのかたかりし事だにもやぶれて、かまくらへかへり入身なれば、又にしきをきるへんもやあらんずらん。其時、父母のはかをもみよかしと、ふかくをもうゆへにいまに生国へはいたらねども、さすがこひしくて、吹風、立くもまでも、東のかたと申せば、庵をいでて身にふれ、庭に立てみるなり。

（「光日房御書」『定遺』一一五五頁）

とあり、聖人が日頃よりご両親が眠る故郷について想い、望郷の念に駆られていたことをうかがうことができます。しかし、「古来より故郷には錦を着て帰れと言われるが、自分にはその面目がなく、このまま故郷へ帰ったならば、まさしく不孝者の何者でもなく、想いばかりがつのるばかりで、さすがに恋しくて、吹く風が故郷の方へ吹くと、思わず庵を出てしまう」と述べられています。ここには、先ほどの厳しいまでの宗教者・仏教者としての態度を表明する聖人とは正反対の、まさしく一人間としての両親に対する想い、そして故郷に対する悲しいまでの想いがひしひしと伝わってきます。このような想いに駆られているある日のこと、光日尼から一通の書状が届くのでありました。

光日尼からの手紙

かゝる事なれば、故郷の人は設心よせにおもはぬ物なれども、我国の人といへばなつかしくてはんべるところに、此御ふみを給て心もあらずしていそぎいそぎひらきてみ候へば、をとゝしの六月の八日に、いや（弥）四郎にをくれ（後）てとかかれたり。御ふみも、ひろげつるまではうれしくて有つるが、今、此ことばをよみてこそ、なにしにかいそぎひらきけん。うらしまが子のはこなれや、あけてくやしきものかな。

（「光日房御書」『定遺』一一五六頁）

光日尼からの手紙を受け取った聖人は、同郷の方からの書状ということで、喜び勇んで急ぎ開いたとあります。しかしその内容は、「息子に遅れをとってしまった」、つまり息子である弥四郎が老母より先に逝ってしまったという内容だったのです。聖人は先ほどの喜び嬉しさを悔い、「浦島太郎が玉手箱を開けてから悔やんだようなものだ」と表現されるのであります。そして聖人は生前の弥四郎のことを光日尼に文字を通して語るのでした。

我国の事は、うくつらくあたりし人のすへまでも、をろかならずをもうに、ことさら此人は形も常の人にはすぎてみへし上、うちをもひたるけしき、かたくなにもなしとみしかども、をりしも法華経のみざ（御座）なれば、しらぬ人々あまたありしかば言もかけずありしに、経はて（果）させ給て、皆人も立かへる。此人も立かへりしが、使を入て申せしは、安房国のあまつ（天津）と申ところの者にて候が、をさなくより御心ざしをもひまいらせて候上、母にて候人も、をろか（疎略）ならず申、なれ（馴）なれしき申事にて候へども、ひそかに申べき事の候。さきざきまひりて、次第になれ（馴）まいらせてこそ、申入べきに候へども、ゆみや（弓箭）とる人にみやづかひてひま候はぬ上、事きう（急）になり候ぬる上は、をそれをかへりみず申すと、こまごまときこえしかば、なにとなく生国の人なる上、そのあたりの事ははゞかるべきにあらずとて、入たてまつりてこまごまと、こしかたゆくすへかたりて、のちには世間無常なり、いつと申事をしらず。其上、武士に身をまかせたる身なり。又、ちかく申かけられて候事、のがれ（遁）がたし。さるにては後生こそをそろしく候へ、たすけさせ給へときこへしかば、経文をひいて申きかす。彼のなげき申せしは、父はさてをき候ぬ。やもめにて候はわ（母）をさしをきて、前に立候はん事こそ、不孝にをぼへ候へ。もしやの事候ならば、御弟子に申つたへてたび候へと、ねんごろにあつらへ候しが、そのたびは事ゆへなく候へけれども、後にむなし（空）くなる事のいできたりて候けるにや。

（「光日房御書」『定遺』一一五六頁）

ここではまず生前の弥四郎の容姿や人柄が人並み以上に優れており、かなりの人格者であると見受けられたと述べ、いつぞやは法華経講座の場で出会いながら、こちらからは声をかけなかったが、その後に弥四郎が使者をよこして「自分は安房国の住人で、武士という立場から、時間もあまりない身分であります。随分馴れ馴れしく申し訳ありませんが、お話したいことがあります」と懇切丁寧に面会を求めてきたとあります。同郷の方ということもあり、この面会を了承した聖人は、その場において弥四郎の胸中を吐露されるのでした。弥四郎は「自らは武士であるため、いつ命を失うか分からない。また近いうちに刀を使用することにもなるでしょう。故に後生が恐ろしくて、どうか助けていただきたい」というのです。聖人は弥四郎に対して、経文の一節を引用して申し聞かせたと言います。これに対して弥四郎はさらに「自らの父は随分前に亡くなっていますが、年老いた母がいます。この母を残して先に逝くことは、この上ない不孝者であることだと考えています。ですのでどうか自分にこの先、何かがあったら、この母を弟子としてほしい」と懇願されたというのです。聖人は、弥四郎が生前に懸念(けねん)していたことが起こってしまったのでしょうと自らも肩を落としていると記されています。

子を亡くした母への慰め

聖人は光日尼に対して、

主のわか（別）れ、をや（親）のわかれ、夫妻のわかれ、いづれかおろかなるべき。なれども主は又他の主もありぬべし。夫妻は又かはりぬれば、心をやすむる事もありなん。をやこのわかれこそ、月日のへだつるまゝに、いよいよなげきふかかりぬべくみへ候へ。をやこのわかれにも、をやはゆきて子はとど（留）まるは、同無常なれどもことはりにもや。をひたるはわ（母）はとどまりて、わか（若）き子のさきにたつなさけなき事なれば、神も仏もうらめしや。いかなれば、をやに子をかへさせ給てさきにはたてさせ給はず、とどめをかせ給て、なげかさせ給らんと心うし。

（「光日房御書」『定遺』一一五七頁）

と、「主君との別れや親子の別れ、夫妻の別れと様々な別れがあるが、主君や夫妻の別れに関しては、別の主君や相手に出会えれば、心が安まることもあるでしょう。しかし、親子の別れというのは、どれにも当てはまらず、時間が経つにつれて別れのつらさが募るものであり、その中でも子との死別は、まさしく神仏も恨めしく思うものでありましょう」

と光日尼の悲しみに対して、文字を通して寄り添われるのでありました。そして続いて光日尼の疑念に対して返答されるのであります。

この光日尼の疑念というのは、

又御消息云、人をもころしたりし者なれば、いかやうなるところにか生て候らん、をほせをかほり候はんと云云。（「光日房御書」『定遺』一一五八頁）

というものでありました。「人を殺した者はいかなる報いをうけ、後生はどのようなところに行くのでありましょう」という切なる母の想いは、この書状を拝読する者の心をかきむしるような、そんな気持ちにさせます。いかに神仏を恨んでも、またどのように想い考えても亡くなった息子は帰ってくることはありません。残された母としては、逝った息子の後生を案ずるしかないわけでありますが、その息子は武士であった故に、他者を殺害しています。どう考えても、どう考えても後生に不安を感じずにはいられないのであります。ここに老母の重く苦しい心持ち、そして安心を求める姿がうかがえるのです。

聖人はこの疑問に対し、次のように述べられます。

人のをやは悪人なれども、子、善人なればをやの罪ゆるす事あり。又、子、悪人なれども、親、善人なれば子の罪ゆるさるる事あり。されば故弥四郎殿は、設悪人なりともうめる母、釈迦仏の御宝前にして昼夜なげきとぶらはば、争か彼人うかばざるべき。いかにいわうや、彼人は法華経を信じたりしかば、をやをみちびく身とぞなられて候らん。

（「光日房御書」『定遺』一一六〇頁）

聖人は、「親が悪人であってもその子が善人であるならば、その功徳により親の犯した罪が許されることもあり、また反対に子が罪を犯した者であっても親が善人であれば、子の罪が許されることもあります。故に亡くなった弥四郎殿が大きな罪を犯したとしても、残された母が正しい信仰を保って、釈尊の御宝前に向かい、昼夜にわたり菩提を弔うことにより必ず成仏することでありましょう。まして弥四郎殿は生前に強い法華経信仰をお持ちであったが故に、必ず親を導く身となっていくことでしょう」と述べられています。

この書状を受け取った光日尼はどれほど救われたことでしょう。先にも述べましたが、一人残された母の願いは亡くなった息子（弥四郎）の成仏であったはずです。しかし、武士という立場から人を殺害している。つまり、仏教における大罪を犯しているが故に、その唯一といってもよい願いも叶うものか疑わしい状況下において、聖人の書状にある「成仏できる。しかも親を導く身となるでしょう」という言葉は、光日尼の心底にあった無明の闇に差した一筋の光明であったことは疑いありません。そしてそれが光日尼の最も望んでいたものであったが故に、光日尼の心が救済されたのは当然のこと、母を案じていた弥四郎の生前の想いをも成就するものであったと言えます。まさしくここに宗教者・仏教者として厳しい態度を示される聖人の姿とは反対の、人に寄り添う「一人間」として死別に接した人に対する、また親子のあり方に関する心配りをみることができるわけであります。

三　親への孝養に対する賞賛と信仰の継承――「千日尼御返事」――

「千日尼御返事」とは

続いて「一　はじめに」でも少しく述べました阿仏房・千日尼、そしてその子である藤九郎守綱のお話に移りたいと思います。

ここでの中心人物は千日尼という女性で、夫である阿仏房と共に聖人佐渡流罪中に檀越となった人物であります。阿仏房は日蓮宗の伝承によれば、俗名を遠藤為盛といい、承久の乱で佐渡に流された順徳天皇に付き随った「北面の武士」であったとされます。順徳天皇崩御後には二人してこの地に留まり、御陵の傍らにて天皇の冥福を祈る念仏者となりましたが、その後に聖人との出逢いを経て、法華経信仰へと入っていきました。そして聖人佐渡流罪中、それからその後の身延期を、家族で支えた有力な檀越となっていきます。

この佐渡の檀越である千日尼に宛てた書状が「千日尼御返事」であり、この中で夫である阿仏房の死去を悼み、千日尼の悲しみを慰さめつつ信心を励ましながら、父の遺骨を携えて身延へと参詣した息子・藤九郎守綱の孝養の深さを讃嘆し、孝子をもった千日尼を勇気づける、そのような内容となっています。

供養に対する返礼と阿仏房の成仏

本書でまず聖人は、千日尼から送られてきた供物に対する返礼を述べます。そしてこの供物を『法華経』の御宝前にお供えしたことを報告した後、その功徳について語られます。さらに先年に死去した阿仏房の成仏に対して文言が記されます。

> 鵞目一貫五百文・のり・わかめ・ほしい（干飯）・しなじなの物給候了。法華経の御宝前に申上て候。法華経云 若有聞法者無一不成仏云云。文字は十字にて候へども法華経を一句よみまいらせ候へども、釈迦如来の一代聖教をのこりなく読にて候なるぞ。…
> されば故阿仏房の聖霊は今いづくむにかをはすらんと人は疑とも、法華経の明

鏡をもつて其の影をうかべて候へば、霊鷲山の山の中に多宝仏の宝塔の内に、東むきにをはすと日蓮は見まいらせて候。……

故阿仏房一人を寂光の浄土に入給はずば諸仏は大苦に堕給べし。たゞをいて物を見よ物を見よ。仏のまことそら事は此にて見奉べし。

（「千日尼御返事」『定遺』一七五九―一七六一頁）

聖人は「阿仏房の霊はどこにいったのかという疑念を持たれることがあるかも知れないが、自分には『法華経』の説かれた霊鷲山の多宝如来の宝塔にいらっしゃるのがありありと見えます」と述べられます。そして阿仏房ほどの法華経信仰者が成仏することがなければ、釈尊のお言葉は絵空事となってしまうと続けられます。ここで生前の阿仏房の強い信仰心を賞賛されていることが分かります。

男と女―夫婦のあり方―

続いて聖人は男女の、特に夫婦のあり方について述べられます。

をとこははしら（柱）のごとし、女はなかわ（桁）のごとし。をとこは足のごとし、女人は身のごとし。をとこは羽のごとし、女はみ（身）のごとし。羽とみとべちべちになりなば、なにをもんてかとぶべき。はしらたうれなばなかは地に堕なん。いへにをとこなければ人のたましゐなきがごとし。くうじ（公事）をばたれにかいゐあわせん。よき物をばたれにかやしなうべき。一日二日たがいしをだにもをぼつかなしとをもいしに、こぞの三月の二十一日にわかれにしが、こぞもまちくらせどもみゆる事なし。今年もすでに七つき（月）になりぬ。たといわれこそ来らずとも、いかにをとづれはなかるらん。ちりし花も又さきぬ。をちし菓も又なりぬ。春の風もかわらず、秋のけしきもこぞのごとし。いかにこの一事のみかわりゆきて、本のごとくなかるらむ。月は入て又いでぬ。雲はきへて又来る。この人の出で丶かへらぬ事こそ天もうらめしく、地もなげかしく候へとこそをぼすらめ。いそぎいそぎ法華経をらうれう（粮料）とたのみまいらせさせ給て、りやうぜん浄土へまいらせ給て、みまいらせ給

（「千日尼御返事」『定遺』一七六二頁）

べし。

まず男女を家に喩（たと）えられ、「男は柱のようなものであり、女は桁（けた）のようなものであります」とし、身体でいうならば、男は足で、女は胴体のようなものであると様々なものに男女のあり方が喩えられます。そして「柱が倒れたら家は倒れてしまいます。家庭に男（主人）がいなくなってしまうと魂が抜けてしまったようなもので頼りなく、誰に世俗のことを相談すれば良いでしょうか。またおいしいものを誰と食べたら良いでしょう。主人と一日・二日会わなければ不安が募るものでありますが、千日尼においては昨年（弘安二年・一二七九）の三月二十一日に別れ（先立たれ）て、今年も早くも七箇月が過ぎております。千日尼のお気持ちは筆舌（ひつぜつ）に尽くし難いものでありましょう」と述べられ、「自然は巡り来るというのに、なぜ阿仏房の命は返ってくることはないのか、死んだら戻ってくることはないというのは摂理でありますが、このことこそ天も恨めしく、地も嘆かわしくお思いのことでしょう。ご主人との別れを経験された千日尼は、急ぎ急ぎ『法華経』の信仰をさらに保って、霊山浄土にての再会をお祈りください」と語られます。ここにも先の光日尼の時と同様に最愛の人物との死別に遭った檀越に寄り添う聖人の姿を見ることができるのであります。

親に対する孝養への賞賛

聖人はさらに千日尼に対して述べられます。

故阿仏聖霊は日本国北海の島のえびすのみ（身）なりしかども、後生をそれて出家して後生を願しが、流人日蓮に値て法華経を持ち、去年の春仏になりぬ。尸陀山の野干は仏法に値て、生をいとひ死を願て帝釈と生たり。阿仏上人は濁世の身を厭て仏になり給ぬ。其子藤九郎守綱は此の跡をつぎて一向法華経の行者となりて、去年は七月二日、父の舎利を頚に懸、一千里の山海を経て甲州波木井身延山に登て法華経の道場に此をおさめ、今年は又七月一日身延山に登て慈父のはかを拝見す。子にすぎたる財なし子にすぎたる財なし。

（「千日尼御返事」『定遺』一七六五頁）

聖人は「阿仏房は武士の身分でありましたが、死んだ後に悪道に堕ちることを畏れて出家し、念仏者として極楽往生を願っておりました。しかし佐渡へと流罪となった自ら（聖人）と会ったことによって『法華経』の信仰に入り、昨年亡くなられました。それはあたかも尸陀山に住む狐が、仏法にめぐりあって生を厭いて死を願い、帝釈天と生まれ変わったようなものです」と述べられます。ここにある尸陀山とはインドの毘摩国にあった大山とされ、ここにいた狐は生死の無常を嘆いて帝釈天へと転生したという故事が語られます。つまり、阿仏房が濁悪のこの世を厭いて仏となったのは、この故事のようなことであるとされます。

そしてその後、この夫妻の息子である藤九郎守綱の孝養について述べられます。藤九郎守綱は弘安二年に亡くなった父の遺骨を首に下げ、佐渡よりはるばる聖人のいらっしゃる身延の地へと赴き遺骨を納めました。しかもそれで終わることなく、翌年の七月には再度身延の地へと赴き、亡父の墓前を詣でたというほどの「孝子」でありました。阿仏房も遠い佐渡の地より幾度となく、はるばる身延へと聖人を詣でております。両親に対して孝養を尽くすばかりか、夫妻の信仰をも強く継承したこの藤九郎は、その信心より「後阿仏坊（房）」と称され、自らの邸宅を一寺とするほどでありました。聖人はこの藤九郎について、「藤九郎守綱は昨年一千里もの山海を経て、この甲州身延山に詣でて父の遺骨を納骨するばかりか、本年は再度同行程を経て、父の墓に詣でたほどの孝子である」と、千日尼に対して「子にすぎたる財なし」と繰り返し述べられ、その落ち込んだ千日尼の心を救済し、信仰の継承を賞讃するのでありました。

周囲に対する気遣い

このように千日尼に対する心配りが見られる一方で、本書には特筆すべき点があります。それは宛所の周囲に対する聖人のお気遣いです。それは本書追而書（追伸文）の部分に見られ、そこには、

こう入道殿の尼ごぜんの事、なげき入て候。又こいしこいしと申つたへさせ給へ。

（「千日尼御返事」『定遺』一七五九頁）

と記されております。聖人は千日尼に、同じく佐渡の檀越である国府尼の周囲に起こった不幸に対して、自らも悲しんでいることを伝えてほしいと依頼されています。この頃に国府尼か、もしくはその夫である国府入道の身の上に、定かではありませんが、何らかの不幸があったようで、聖人が心配していることがうかがえます。これより常々聖人は檀越らに対し、分け隔てなく心配りをされていたと言えます。この書状を認められた時期は聖人身延在山中であり、つまり遠い佐渡の檀越に対しても日頃より気遣いなされていた様子をみることができるのであります。

四　むすびにかえて

世情や人間関係に悩む人々は安心を日蓮聖人に求め、それに対し聖人は『法華経』の経文等を用いながら、檀越の進むべき方向を説き示されています。書状に鏤められた文言はまさしく、法華経信仰を根幹に「一人間」として人々に接する聖人の人間性を示すものであります。そしてそれを現代に燦然（さんぜん）と輝かせる書状のお言葉は、門下の弟子の指針となるばかりでなく、今日の私たちへの「心の指針」であるように受け止めることができます。

「光日房御書」においては、夫と最愛の息子に先立たれた母（光日尼）の悲しみに寄り添うようなお言葉から、亡き子に対する切なる母の願い。そして亡き子の、残してしまうであろう母への想いを聖人は文字を通して、流れるような筆致（ひっち）で示されるのであります。次に「千日尼御返事」では、夫を亡くした妻の気持ちを酌（く）み取りながら、孝子の行動を賞讃し勇気づけられております。この二つの書状に顕れる親子・家族は共に死別という不幸に接しながら、親に対する子の想い、そして子を想う親の願いというものをみることができます。

「親は多くの子を養えども、子は一人の親をも養え難し」という言葉があります。これは何も過去の言葉ではなく、現代に生きる我々にも深く心に突き刺さる言葉です。家族というものは切っても切れない縁で結ばれており、そしてそれが故に様々な苦しみや悩みが生じるのであります。聖人の書状に記される檀越の状況は現代社会の我々の悩み苦しみと何ら変わりはありません。つまり、聖人の言葉は現代に生きる我々に対する金言（きんげん）であるとも言えるのです。

繰り返しになりますが、現代社会において人間関係、特に家族問題は様々なメディアで取り上げられるほど重要な社会問題となっています。今回、日蓮聖人の檀越に宛てられた書状より聖人の家族観を少しく見てみましたが、書状に記される文言は今の私たちにも大きな安心をもたらしてくれる、いうなれば「大いなる金言」であることを強くお伝えをし結びといたします。

第三章　家族の幸せと仏教福祉―共に生きる―

一　はじめに

近年のわが国の家族のあり方を振り返ると、子どもの数は減り、核家族世帯が増えて、高度経済成長期以前の農業を中心としたあり方から大きく変化してきました。また、家族のためより自分のため、という個人主義的な風潮も強くなってきました。

子育てや介護の面から見ても、育児放棄や子どもへの虐待など、家庭が子どもを守り育む場所として機能しているのか、疑いたくなるような現象が多発しています。高齢者の虐待や老々介護・高齢者の孤独死などもそうです。家族の形にしろ、絆にしろ、これまで理想とされていた家族のあり方の基盤が根幹から崩れてしまっているような印象を受けます。

加えて、東日本大震災が起こりました。震災の折、希望の祈りをこめてある詩が朗読され、世界中で共感を呼びました。宮澤賢治の「雨ニモ負ケズ」です。

宮澤賢治は「世界がぜんたい幸福にならないうちは個人の幸福はあり得ない…われらは

世界のまことの幸福を索ねよう。求道すでに道である」と、『農民芸術概論綱要』（宮沢賢治［一九九五］十八―十九頁）の中で書いています。私の幸せと家族の幸せ、社会・世界の幸せは、つながっているのです。

家族は社会の一番小さな単位、ということができます。それぞれの家族の中にそれぞれ幸せが実現されればこそ、一つ一つの家族の幸せが輪となり広がって、幸せな社会が実現されるのではないでしょうか。家族の中に、人の心に、暗い闇が多い現代だからこそ、「家族の幸せ」の姿について、お釈迦さまの教えをともし火にして、共に学んで参りましょう。

二　「幸せ」の秘訣

慈しみのお経

私たちは、どのような心で「幸せ」を実現していけばよいのでしょうか。『スッタニパータ』という古いお経の中に、「慈しみのお経」（メッタ・スッタ）という一節があります。「一切の生きとし生けるものは、幸福であれ、安穏であれ、安楽であれ」という祈りと共に、素朴な事柄が列挙されています。声に出して読んでみましょう。

一四三　究極の理想に通じた人が、この平安の境地に達してなすべきことは、次の通りである。能力あり、直く、正しく、ことばやさしく、柔和で、思い上ることのない者であらねばならぬ。

一四四　足ることを知り、わずかの食物で暮し、雑務少く、生活もまた簡素であり、諸々の感官が静まり、聡明で、高ぶることなく、諸々の（ひとの）家で貪ることがない。

一四五　他の識者の非難を受けるような下劣な行いを、決してしてはならない。一切の生きとし生けるものは、幸福であれ、安穏であれ、安楽であれ。

一四六　いかなる生物生類であっても、怯えているものでも強剛なものでも、悉

く、長いものでも、大きなものでも、中くらいのものでも、短いものでも、微細なものでも、粗大なものでも、

一四七　目に見えるものでも、見えないものでも、遠くに住むものでも、近くに住むものでも、すでに生まれたものでも、これから生まれようと欲するものでも、一切の生きとし生けるものは、幸せであれ。

一四八　何ぴとも他人を欺いてはならない。たといどこにあっても他人を軽んじてはならない。悩まそうとして怒りの想いをいだいて互いに他人に苦痛を与えることを望んではならない。

一四九　あたかも、母が己が独り子を命を賭けても護るように、そのように一切の生きとし生けるものどもに対しても、無量の（慈しみの）こころを起すべし。

一五〇　また全世界に対して無量の慈しみの意を起すべし。上に、下に、また横に、障害なく怨みなく敵意なき（慈しみを行うべし）。

一五一　立ちつつも、歩みつつも、坐しつつも、臥しつつも、眠らないでいる限りは、この（慈しみの）心づかいをしっかりとたもて。この世では、この状態を崇高な境地と呼ぶ。（中村元［一九八四］三七―三八頁）

この「一切の生きとし生けるものは、幸せであれ」という「願い」が、本章のポイントになります。なお、仏教をはじめ、キリスト教・儒教など、世界中の宗教の偉大な研究者であられた中村元先生のお墓の石碑には、この文章が刻まれています。

こよなき幸せ

また、「こよなき幸せ」として次のようにも説かれています。

二五九　諸々の愚者に親しまないで、諸々の賢者に親しみ、尊敬すべき人々を尊敬すること、――これがこよなき幸せである。

二六〇　適当な場所に住み、あらかじめ功徳を積んでいて、みずからは正しい誓願を起こしていること、――これがこよなき幸せである。

二六一　深い学識あり、技術を身につけ、身をつつしむことをよく学び、ことばがみごとであること、―これがこよなき幸せである。

二六二　父母につかえること、妻子を愛し護る（まもる）こと、仕事に秩序あり混乱せぬこと、―これがこよなき幸せである。

二六三　施与（せよ）と、理法にかなった行いと、親族を愛し護ることと、非難を受けない行為、―これがこよなき幸せである。

二六四　悪をやめ、悪を離れ、飲酒をつつしみ、徳行をゆるがせにしないこと、―これがこよなき幸せである。

二六五　尊敬と謙遜（けんそん）と満足と感謝と（適当な）時に教えを聞くこと、―これがこよなき幸せである。

二六六　耐え忍ぶこと、ことばのやさしいこと、諸々（もろもろ）の〈道の人〉に会うこと、適当な時に理法についての教えを聞くこと、―これがこよなき幸せである。

二六七　修養と、清らかな行いと、聖なる真理を見ること、安らぎ（ニルヴァーナ）を体得すること、――これがこよなき幸せである。

二六八　世俗のことがらに触れても、その人の心が動揺せず、憂いなく、汚れを離れ、安穏であること、――これがこよなき幸せである。

二六九　これらのことを行うならば、いかなることに関しても敗れることがない。あらゆることについて幸福に達する。――これがかれらにとってこよなき幸せである。

（中村元［一九八四］五七―五九頁）

両親や家族、親族に仕え、愛し護ることなど、家族を大事にすることが幸せの秘訣の一つに挙げられています。

三　親を思う、子どものこころ

母の恩

インドの古いお経には、「たとえ両親を両方の肩に背負って世話をしたとしても、親の恩に報いたことにはならない」、それぐらい親には生み育ててくださった恩があると説かれています。日蓮聖人も、母の恩について、具体的に書いておられます。

それにつけても、母のご恩は忘れがたいものです。胎内に胎児がいる九箇月間の母の苦しみといえば、腹は鼓を張ったように張り、頸(くび)は針をさげているようである。呼吸は吐く以外に入ってくることがないようであり、顔色は枯れ草のようで、臥(ふ)せば腹も裂けるように痛み、坐っても五体は安定しません。このようにして出産が近づけば、腹は破れて切れてしまいそうになり、睡眠はできなくなって、ふらふらして天に昇るかとも思われます。このような敵を産み落としたなら、大地にも踏みつけ、腹をも裂いて捨ててしまいたいであろうものを、そうはせずに、自分の苦しみを耐え忍んで、急いで抱きあげて、血を洗い不浄物をすすいで、胸にしっかりと抱きかかえて、三年の間、ねんごろに養います。母乳を飲むこと、百八十石三升五合です。この母の乳の値段は、たとい一合であっても、三千大千世界ほどの値段に値するでしょう。…それなのに、親は十人の子どもを養っても、子どもは一人の母を養うことがないのです。温かな夫を懐いて臥すことはあっても、凍えている母の足を温める女房はおりません。

(「刑部左衛門尉女房御返事」『定遺』一八〇四―一八〇五頁／筆者による和訳)

私も母の恩について、「内観法」で振り返ってみたことがあります。内観法とは、「してもらったこと」「お返ししたこと」「迷惑をかけたこと」の三つのテーマについて、生まれてから現在にいたるまでのことを振り返るという瞑想法で、浄土宗の吉本伊信という方が提唱しました。私も、母について三つのことを思い出していきました。本格的には、母親・父親・祖父母・配偶者など、数日間、一日何時間も続けます。私はわずかな時間でしたが、どれほど母にしてもらっていたか、どれほどお返ししていないか、ということに気づき、母の恩の大きさに涙が止まらなかったことを覚えています。

最近は「仏教心理学」といって、心理学や精神医学、カウンセリングなどの分野と、仏教学や宗教学の分野との共同研究が盛んで、内観法もその一つです。欧米の学者や仏教に関心を持つ人々が、瞑想・座禅やメディテーションを実践しています。二〇〇八年には「日本仏教心理学会」が発足し、活発な議論が交わされています。また、インターネットで有名な「グーグル」という会社では、「マインドフルネス」という仏教由来の瞑想をして自分の心と向き合い、穏やかな心を持つことを心がけて、独創的な発想を生み出しながら、事業を拡大しているそうです。

まことの孝養

どのようにすれば両親の恩に報いたことになるのかと申しますと、端的には、両親をブッダの教えに導くことが真実の報恩であると説かれます。

『法華経』の「妙荘厳王本事品第二十七」（『大正』九巻五九下―六一上）では、浄蔵と浄眼という二人の兄弟王子が、今からブッダの教えを聞くために出かけるからといって、母親に挨拶に行きます。その姿は「合十指爪掌」、合掌して母親にお願いに行くのです。母は言いました。「あなたの父は、外教（げきょう）の教えを信奉していますから、ブッダの教えを聞きにいく事はできないでしょう」と。しかし、母は続けます。「父のために、何か奇跡を起こして信頼を得て、ブッダのもとに行く承諾を得なさい」と。二人の兄弟は力を合わせて奇跡を起こし、父を感動させ、心からの信頼を得ます。その時、父は王であるにも関わらず、二人の子どもに合掌して、一緒にブッダの教えを聞きにいくことをお願いするのです。そして、家族四人、ひいては家臣たちも含めてブッダの教えを聞き、正しい教えに導かれました。

　このお話では、まず子が母に合掌し、お願いをしました。母は愛情をもって、子と父の和合を願いました。そして、最後には父が子に対して感謝し、合掌しました。家族の愛・家族の絆が「合掌」の姿によって、相互に強く結ばれていったのです。

　皆さんは、家族の中で、手を合わすことはありますか。手どころか、目を合わすことすらない、という方もおられるかも知れません。合掌することは、良いことも悪いことも、自分の目の前で有りがたく受け止めるということです。そして「あなたを敬います」という、万国共通の姿なのです。家族の中に、合掌の姿と心が自然と顕れ出るようになりたいものです。

四　夫婦の愛

王さまとお后さま

では次に、夫婦の間の愛情について、二つのお経をご紹介しましょう。

一つ目は、ある王さまとお后さまのお話です。『サンユッタ・ニカーヤ』というお経の中に、コーサラ国の王パセーナディと、王妃マッリカーの会話があります。

王は王妃に「そなたは、自分よりももっと愛しい人が、だれかいるかね」と尋ねます。

王は「ええ、あなた。私はあなたをこの世で一番愛しく思いますわ」と答えて欲しかったのでしょうか。しかし、王妃は「大王さま。わたくしには、自分よりももっと愛しい人はおりません。あなたにとっても、ご自分よりももっと愛しい人がおられますか」と言うのです。王さまは、とてもショックを受けたことでしょう。しかし、思いをめぐらした王も、次のように言いました。「マッリカーよ。わたしにとっても、自分よりもさらに愛しい他の人は存在しない」と。

王は、町に来ていたお釈迦さまに、先の夫婦の会話を報告します。するとお釈迦さまは次の詩を唱えられました。

「どの方向に心でさがし求めてみても、自分よりもさらに愛しいものをどこにも見出さなかった。そのように、他の人々にとっても、それぞれの自己が愛しいのである。それ故に、自己を愛する人が、他人を害してはならない」と。

（中村元［一九八六］一六九―一七〇頁）

人間は縁起的存在です。すべての生きとし生けるものと、目に見えるもの・目に見えないものも含めて、色々な関係性の中に生を受け、育まれています。つながりの中に生きています。そうした自分は、この世界にただ一人しか存在しません。人間は一人ひとりが、かけがえのない存在であり、意義のある存在です。お釈迦さまが「天上天下唯我独尊」とおっしゃったのもこの意味だと思います。

自分の「いのち」のあり方をよくよく熟慮しますと、人間は誰もが「自分が一番愛しい」（かけがえのない）存在であるということに気がつきます。そして、相手も自分と同じように、自分自身をかけがえのない存在として愛しく思っている、ということに思いを致すときに、だからこそ、他の人を傷つけないようにしよう、愛していこう、となるわけです。

夫婦の関係においてはどうでしょうか。夫も妻も、生まれてこのかた、数えきれないほどの人とのつながりによって生きてきました。それぞれが、この世に一人だけの尊い存在です。その二人が、この広い世界で出会い、結婚し、夫婦となっているのです。これはもう、奇跡としか言いようがありません。「愛しているよ、傷つけないよ、一生涯かけて守るから」と、照れくさいプロポーズさながらに愛を語るのもよいですが、自分の「いのち」というものに目を向けて、人間のいのちの尊さ、かけがえのなさに気がつくからこそ、より深い「夫婦の愛」が生まれるのでしょう。

『シンガーラへの教え』

二つ目は『シンガーラへの教え』（『善生経』）というお経です。お釈迦さまがシンガーラという資産家の息子に向かって、人としての道を説いたものです。シンガーラは「生きとし生けるすべてのものに崇敬と感謝の気持ちを表明しなさい」という父の遺言に従って、東西南北・上方・下方の六つの方角を礼拝していました。そこで、このお経は『尸迦羅越六方礼経』とも漢訳されています。この中で、夫は次のようにして妻に奉仕すべきと説きます。

（一）尊敬する　　　神々を尊敬し諸々の方角を尊ぶように、相手を尊重する

（二）軽蔑しない　　妻に対する礼儀を重んじる

（三）道から外れない　　妻以外に心移りをしない

（四）権威を与える　　食事の実権など、家庭内のことは妻に権威を預けて任せ、任せた以上は干渉しない

（五）装飾品を提供する　婦人の好みに応じて装飾品を提供する

男性の皆さま、五番目はどうでしょうか。記念日には指輪、ネックレス、イヤリング…奥さまにプレゼントはされていますか。でも、よかったですね。お釈迦さまは「自分の財力に応じて」とおっしゃっておられますから。これは昔のインドでは、今のように銀行が発達していなかったため、現金を装飾品にして身につけておく方が安全だったという社会事情があったからでもあります。また、妻は次のようにして夫を愛することを説きます。

（一）仕事を善く処理する　　家庭の内部の仕事、炊事など

（二）眷属（けんぞく）・身内を良く待遇する（掌握する）

（三）道から外れない　　主人以外を求めない

（四）集めた財を保護する　　散財しない

（五）為すべてのことがらについて巧妙にして且つ勤勉である

女性の皆さま、三番目はどうでしょうか。イケメンの韓流アイドルを見て「ハンサムだわ、かっこいいわ」と思ってはいけません。無論これは男性も同じで、奥さん以外を求めてはいけません。また、二番目はどうでしょうか。女性がしっかりされていればこそ、親戚付き合いもうまくいくということでしょう。さらに、財布の紐をしっかり締めて、家事や家計のやりくりをするのも女性の方が適しているとされています。

五　親子のこころがまえ

『シンガーラへの教え』には、親と子の関係も一対のものとして説かれています。親に対する子どものあり方は次のようにあります。

（一）われは両親に養われたから、かれらを養おう

（二）かれらのために為すべきことをしよう
（三）家系を存続しよう
（四）財産相続をしよう
（五）祖霊に対して適当な時々に供物を捧げよう

跡継ぎがいないと、家の財産は国王に没収されてしまうという背景もありましたが、やはり親の恩を知り、恩に報いることが一番にきています。そして、子に対する親のあり方は次のようにあります。

（一）悪から遠ざける　　だめなことはだめと制する、叱る
（二）善に入らしめる　　善行を積ませる
（三）技能を習学させる　技能や技術を伝える
（四）適当な妻を迎える　家柄や容姿に似合った配偶者と出会えるように配慮する

（五）適当な時期に相続させる　常時と臨時（学習・建築・婚礼・臨終など）

「だめなことはだめ」と制し、叱ることも親の義務です。技能や技術は、手に職を持たせることも指しますが、現代では塾の送り迎えもこれに当てはまるでしょうか。

そしてさらに、親は、子どもに対して、社会人としての四つの務めをまもらなければならないと言います。施与（布施）と、親愛なることばを語ること（愛語）と、この世で人のためにつくすこと（利行）と、あれこれの事柄について適当に協同すること（同事）です。一般的に父権的な家族制度においては親、特に父親の権威が強く、子どもを私有物のようにみなす傾向があるようですが、原始仏教ではこれに対して、子どもたちに社会人としての意義を認めて遇することを教えているのです。

もちろん、共働き夫婦が普通になり、夫婦の役割分担や家族の形態も今と昔で異なっていることも否めませんが、夫婦の関係では夫から妻へ、妻から夫へ。親子の関係では親から子へ、子から親へのあり方が、一方的ではなく双方向的に、お互いに尊敬し、尊重しあう気持ちがあってこそ家庭円満になるという、家族の幸せの秘訣が示されているのです。

六　子を思う親の心

母親の愛情

それでは、親の愛情はどのように教えられているのでしょうか。母親の愛情として、ハーリティのお話を紹介しましょう。

ハーリティとは、いわゆる鬼子母神（きしぼじん）のことです。仏像や仏画を見ておりますと、鬼子母神にはおよそ二つの種類があります。一つは鬼のような怖い形相の鬼子母神。今一つは、優しい天女のような鬼子母神。合掌の立ち姿もありますが、石榴（ざくろ）を持ったり、赤ちゃんを抱いたり、子どもの手を引いた子連れの鬼子母神像もあります。

ハーリティは、五百人もの子をもつ、鬼のお母さんでした。人間の子どもをさらっては食べており、王舎城には子どもを呼ぶ母親たちの泣き声が響き渡りました。市民たちは、お釈迦さまのもとに助けを求めます。そこで、お釈迦さまは一計を案じました。お釈迦さまはハーリティの子どもの中で一番末っ子、ピンガラを見つけ、不思議な力で見えなくしてしまいました。ハーリティは、ピンガラがいなくなったことに気づきます。探し回って名前を呼んでも、返事はありません。もともと怖い顔をしていたハーリティは、いつの間にか、いとし子を思う母の顔つきになっています。地面を走り、空を飛び、夜も昼も、世界のありとあらゆる野山（のやま）、天人の住む天界、はたまた無間地獄（むげんじごく）の底までも探しましたが見つかりません。そこで、お釈迦さまに出会います。お釈迦さまは言いました。「お前は、愛する者と別れなければならない苦しみ、愛別離苦（あいべつりく）を知ったのだ」と。そして、一人・二人の子どもしかいない人間の親の悲しみがどれほど大きなものかを痛感したのです。心から懺悔（さんげ）することを願ったハーリティのもとに、お釈迦さまはピンガラを返します。ハーリティは人々の平和と子どもの息災（そくさい）を願い守護する優しい神として、生まれ変わりました。

確かに、ハーリティは人間を苦しめました。しかし、その苦しみを自分のこととして体験し、深い悲しみと懺悔により、心から目が醒めたのです。悪鬼の母であっても、『メッタ・スッタ』に「母が己が独り子を命にかえても護るように」とあるような、母親の大きな愛情を備えていることがよくおわかりになるのではないでしょうか。

父親の愛情

日蓮宗のお仏壇には、鬼子母神と共に大黒天をおまつりしていることが多いです。鬼子母神が母親のシンボルならば、大黒天が父親のシンボルなのではと思ったことがあります。

大黒天も本来インドの神様で、「マハーカーラ」といい、恐いお顔の神様でした。わが国では七福神の一人としてニコニコした笑顔を称え、右手に小槌、左手に福袋、足元には米俵を置いて、五穀豊穣・商売繁盛の守護神としておまつりされています。

大黒天は、どうして小槌と福袋を持っているか、ご存知でしょうか。こんな話を聞いたことがあります。あの福袋は、めったに左手を開けて中身を出すことはないというお話です。逆に、袋の中に色々なものを溜め込んでいくのだそうです。何を溜め込んでいくのか。へそくりでも、宝くじでもありません。袋の中に入れるのは、自分の心に涌いてきた、貪・瞋・癡、すなわち貪りや怒りや、無知で愚かな煩悩だというのです。自分の愚かな欲望は、外に出さずグッとこらえて、他の人を傷つけず、こつこつ真面目に生きていれば、打ち出の小槌をコツコツならしてその人に幸せが訪れる、そういう意味だそうです。恐いお顔の厳しい一面があっても、家族に向けては嫌な事もグッとこらえてニッコニコ。そしてコツコツ頑張るその姿は、理想的な父親の姿と言えるのではないでしょうか。

「三車火宅の喩」

父親の愛情について、『法華経』にたずねてみましょう。「法華七喩」という七つのたとえ話のうち二つをご紹介いたします。一つは「譬喩品第三」の「三車火宅の喩」です。

ある町に老年の長者がおりました。広いお屋敷にはたくさんの子どもたちや動物たちがいましたが、突然火事になり、一面に燃え広がってしまいます。門は一つしかないので、早く逃げないといけません。しかし、中にいる子どもたちは遊びに夢中で火事に気づかず、逃げようとはしません。長者は勇敢で腕力もあり、子どもたちをひとまとめにして、抱きかかえて外に出すこともできますが、なんとか早く外に出るように思案します。しかし、どれだけ呼びかけても、子どもたちは遊びに夢中で応じません。そこで、子どもたちの好みや気質の傾向を知っている長者は、子どもたちに呼びかけます。「門の外にはすばらしい羊の車、鹿の車、牛の車の玩具がある」と。それを聞き、子どもたちは我先にと燃え盛る屋敷から飛び出してきました。子どもたちは長者に先ほど聞いた色々な車を求めます。しかし、長者は子どもたち一人ひとりに、豪華に荘厳された大きな白い牛の車を与えました。長者にとって、どの子どもも皆愛らしく、平等であると考えたからでした。（『大正』九巻一二中―一四下）

ここでは、長者はお釈迦さま、子どもたちは私たち人間をたとえています。私たちは、屋敷が火事であるのに、気づかずに遊んでいるように、煩悩の苦しみから逃れられないでいるのです。

長者は力ずくで子どもを助けることができたにも関わらず、子どもたち自身に「外に出よう」という気持ちを起こさせました。巧みな手段を用いながら、相手の気質・能力・才能に応じて、自発性や主体性を引き出すようにしたのです。

また長者は、子どもたちには平等に、一番よいものを与えました。これは、経文で「今(こん)此幼童(しようどう)。皆是吾子(かいぜごし)。愛無偏党(あいむへんとう)」（今此の幼童は、皆是れ吾が子なり。愛するに偏党なし／『大正』九巻一二下）というように、たくさんの子どもたち、どんな相手でも偏(かたよ)りなく、愛する態度を示していると考えられます。

もう一つは、「如来寿量品(にょらいじゅりょうほん)第十六」に説かれる「良医治子(ろういちし)の喩」をご紹介しましょう。

あるところに、すぐれた医師がおりました。子どもたちは、彼が外出中に誤って毒薬を飲んでしまいます。ある子は正気を失い、毒によってもがき苦しみます。医師は薬草で色も香りも味もよい妙薬を作り、子どもたちに与えます。薬を飲んだ子どもはすぐに治りますが、正気を失った子どもは薬を疑い、飲もうとはしません。そこで医師は一計を案じます。

彼は妙薬をとどめ置き、他国へと旅に出ます。そして、遣いの人をつかわして、「お父さまが旅先で死んだ」と伝えさせるのです。父の死の知らせを聞き、正気を失っていた子どもは「深い悲しみ」によって正気を取り戻し、とどめ置かれた薬を飲んで回復します。子どもたちが回復したのを聞いて、彼は再び子どもたちの前に帰ってきました。

（『大正』九巻四三上中、四三下）

ここでは、父である医師は久遠（くおん）のお釈迦さまを、子どもたちは私たち人間を、そして良薬は『法華経』のことをたとえています。私たちは毒に苦しみ、解毒の妙薬があるにも関わらず、薬を飲まない子どもたちのように、種々の欲望に執著しているのです。「良薬を飲んで病が癒えたとき、愛する父と再会できる」ということは、『法華経』の教えを信じて実践してみるときに、久遠のお釈迦さまと出会うことができ、その場が清らかな浄土となって幸せが実現される、ということを表現したたとえ話です。

お自我偈の中に、「方便現涅槃」（方便して涅槃を現ず／『大正』九巻四三中）という言葉があります。これは、お釈迦さまが涅槃（死）を現すことが、欲望にとらわれ、現実の苦しみに悩む人々に、「正しい人としてのあり方」を反省させるための方便（手段）として描かれている、ということです。

また、自我偈の手前の長行のお経文には「常懐悲感　心遂醒悟」（常に悲感を抱いて、心遂に醒悟せり／『大正』九巻四三中）ともあります。ここでは父の死という「悲しみ」によって、大切なことに自ら気がつくようにさせているのです。

確かに、「死」は深い悲しみを伴います。しかし、このたとえ話は、「死」の「悲しみ」を通して、自らの「生」のあり方、自分のいのちのありがたさに「気づく」という視点や、あるいは死を意義のあるものとして受け止める視点を示唆していると理解できるでしょう。

こうした二つのたとえ話を見てみますと、どちらも父は、ただ優しいとか、厳しいとかいうだけではありません。巧みな手段、アイデア力や発想力で、子どもの成長やこころの成熟を信じる、といった姿が父の愛情の姿として参考になるのではないでしょうか。

七　子どもの純粋な心

お掃除をすること

子育ての一貫で、お掃除やお片づけをどう位置づけるか、というのが一つのテーマになることがあります。学校では掃除の時間になると、まず机を後ろに運び、教室の前半分を掃きます。掃き終わると、机を前に運んで、後ろ半分を掃除する。当たり前なのですが、それができないんですね。広い教室を、ほうきとちりとりでどう掃いてごみをまとめるか、空間認識ができない子どもがたくさんいる、というお話を聞いたことがあります。

掃除と言えば、有名なお話が二つあります。一つは、周利槃特（しゅりはんどく）のお話です。

あるところに、賢くて何でもできる兄と、愚かでどんくさい弟の兄弟がおりました。

弟の名前は周利槃特と言いました。二人ともお釈迦さまに弟子入りをし、修行に励んでおりました。兄は智慧もすぐれ、話も上手だったので、たちまち人気者になりました。しかし、弟の周利槃特は不器用で、物覚えも悪く、のろまで失敗ばかり。見かねた兄はとうとう、弟の周利槃特を追い出してしまいました。

「私は他の人の何の役にも立たないし、申し訳がありません」と泣きじゃくる周利槃特に、お釈迦さまは「お前は本当に賢い子だ。世の中には、少しばかりの才能を鼻にかけて、自分を反省する心を忘れたものが多い。よいか、そういうものこそ、本当の愚か者というのだよ。お前はよく自分を反省することができる、賢い子ではないか」と励まして、箒（ほうき）を一本渡します。「これからは、この箒で境内（けいだい）を一生懸命お掃除しなさい。そのとき、『我、塵（ちり）を払わん、垢（あか）を除かん』と唱えなさい」と言いました。勇気をもらった周利槃特は、その言葉だけを唱えて一生懸命掃除をしました。すると、あることに気がつきました。「塵も垢も、『自分は何もできない人間だ』と思っている、その自分の心にあったんだ」と。心が清らかになった周利槃特は、お釈迦さまから成仏のお墨付きをいただいたのでした。

（松本光華［一九九〇A］四〇頁―五一頁／筆者による取意）

掃除をしながら、場所を清める。場所を清めることは、同時に、自分の心を清めることにつながる、というお話です。最近流行りのロボットに掃除してもらうより、自分で掃除をしたほうが功徳を積むことになるのでしょう。

トイレの話

以前、素手で便器を掃除する学校が話題になりました。トイレの掃除は、皆さんのご家庭では誰が担当されているでしょうか。

私は月参りのとき、やむを得ず色々なご家庭でお手洗いを借ります。「すみません、お手洗いをお借りしてもよろしいですか」と聞くと、顔色を変えて、「ちょっとお待ちくださいませね！」と言うやいなや、五分ほど経ってジャーっと音がして「はいどうぞ！」と言われることがあります。

「トイレをみたら、その家の様子や、そこに住んでいる人がどんな人であるか、よくわかる」と言います。トイレ掃除をするのは誰でしょうか。主婦、奥さまだけの役割でしょうか、それとも家族みんなの役割でしょうか。家族みんなが毎日使う一番汚いところを、それぞれがちゃんと清らかにする、その小さな「心配り」や「思いやり」が家族にあるかが一目でわかってしまう、それがトイレの秘密です。

植村花菜（うえむらかな）の「トイレの神様」という歌が話題になりました。今は亡きおばあちゃんの言葉が歌詞になっています。大変よい曲で、覚えていらっしゃる方も多いと思います。

　トイレには　それはそれはキレイな女神様がいるんやで

　だから毎日キレイにしたら　女神様みたいにべっぴんさんになれるんやで

私たちは、何も出さないで生きていくことはできません。知り合いに、排泄物、ウンチの量や固さとストレスの関係について研究している方がいました。ウンチって何だろう、という哲学的な話で盛り上がっていたのですが、その中で、私たちはある結論に達しました。「ウンチは命である」と。私の身体から出ていくものは、私が食べたもの。毎日毎食、いただいた「いのち」であり、今、おかげさまで私が生きている証、ということもできるでしょう。トイレをキレイにしていたらべっぴんさんになれる、ということは、トイレの掃除を通して、自らの心を清らかにして、人間として生きていく「思いやり」や「心づかい」が自然と身に着く、ということを言っているのではないかとも思います。

『法華経』では、お釈迦さまのお弟子たちは、自分たちの今までの修行を「トイレ掃除」にたとえました。今までずっと、自分はトイレ掃除をしてきた。そして今やっと、大事なことに気がついた、というのです。「信解品第四」に「長者窮子の喩」というたとえ話が出てきます。みんなが仏になれる一つの乗り物に乗っているのですよ、というお釈迦さまの説法を聞いたとき、摩訶迦葉たち四人の弟子が、自分たちのこれまでの反省と教えを聞いた喜びを、たとえ話にして語りました。

幼いときに父のもとを去っていった男がおりました。男は十年ないし五十年、他国で貧乏な放浪生活をしていました。一方、父は長者となっていたが、年老いて、財産を息子に継がせたいと思っていました。ある日、放浪していた息子は偶然、父の屋敷の前にやって来ますが、高貴なその様相を見て、「自分のような身分のものがうろうろしていて、面倒に巻き込まれると厄介だ」と思ってその場を去ろうとしました。しかし父は、その男が自分の息子と気づきました。父は召使いに命じて逃げようとする息子を無理やり連れてこさせようとしますが、息子は気が動転し、気絶してしまいました。父はいったん息子を解放し、次は息子同様にみすぼらしい姿の二人を遣わせ、屋敷で仕事をさせるように仕向けました。それが功を奏し、息子はその屋敷で汚物（糞便）、すなわちトイレ掃除をすることになりました。息子を心配する父は、自分もまた汚い格好をし、一緒に働きました。息子の身の周りを整え、仕事のやり方を褒めながら励ましてあげました。息子は、「自分はただのみすぼらしい召使いである」と思いながらも、二十年まじめに働き続け、ついには蔵の管理人となるまで成長しました。自分の死期が近づいたのを覚った父は、息子が立派に成長し、以前の卑屈さを恥じるようになったのを知り、大勢の前で彼が自分の本当の息子であると告げ、すべての財産を相続させせました。

（『大正』九巻一六中—一八中）

ここでは、長者はお釈迦さまを、息子は自分自身の覚りを求めていた人たち（二乗。声聞と縁覚）を、汚物（糞便）は二乗の悟りに対する執著を、財産は『法華経』の「一乗」の智慧を、それぞれたとえたものです。

声聞と呼ばれた、お釈迦さまの教えを聞いて自分の幸せや悟りを求めていた者たちは、方便である二乗の悟りに執着していました。しかし、お釈迦さまはそうした執著を取り除き、自分たちに対して、他の人と共に幸せの実現を目指す「菩薩」としての自覚を促していたことにやっと気がついた、というのです。

父である長者ははじめ、息子を無理に連れてこようとして失敗したので、次に息子同様の汚れた服装をした者を遣わしています。これは、対人援助の考え方からすると、相手と関係を結ぶ際、身なりや態度についても、相手にストレスを与えないように十分に配慮すべきということを暗に示しているとも言えます。

そして、長者は子どものために衣・食・住その他の環境を整える、一緒に働く、ほめながら励ます、という態度をとり続けました。これは、物質的・精神的援助を提供しながら見守ること（布施）、共同作業による信頼関係の構築（同事）、向上心の芽生えや自己に対する信頼の回復を「待つ」、といった援助観が大切であることを示唆していると言えます。

自己に対する信頼を「自己肯定観」とも言います。自分をそのまま、それでいいのだと受け止めることです。自己肯定観を持つことは、人間としての成長の上で大事なことと思います。私自身も、こうした経験があります。私はもともと吃音症（どもり）でした。たくさんの人の前で話すことが苦手で、大きな失敗をしたこともありました。しかし「上手に、流暢に話す必要はない。大事なことは、伝えたいメッセージがあるかどうか。メッセージがあれば、聞く耳のある方は必ず耳を傾けてくださるから」という旨の恩師の一言に、私は一生分の救いを得ました。まさに自己を肯定することのできた瞬間でした。

また、この長者窮子のお話は、弟子たちがお釈迦さまに申し上げた話という点が面白いと思います。普通はお釈迦さまが何とおっしゃったかに注目されるでしょう。しかし『法華経』は、お釈迦さまの一方通行のお話ではありません。お釈迦さまが話をして、弟子たちが感動して自分の反省や喜びを物語にして申し上げる。お釈迦さまがその話を褒めてやり、また話をして、また別の弟子たちが感動して反省や喜びを述べたりする。

『法華経』は、お釈迦さまと弟子たちの対話で構成されています。そして対話の中にある物語では、お釈迦さまは親、私たち弟子・衆生は子どもという、親と子の関係で成り立っています。『法華経』はまさに「親子の対話」のお経、ということもできるのではないでしょうか。

「子ども」の「いのち」

『法華経』では、子どものことをどのように見ているのでしょうか。「方便品第二」には、「子どもがたとえ戯れに砂を集めて仏塔をつくることによっても、戯れに草木や筆、指の爪をもって仏の絵を描くことによっても、その子がいずれ慈しみの心を具え、人々を幸せにすることにつながる」（『大正』九巻八下—九上）という旨のことが説かれています。「提婆達多品第十二」には、「八歳の龍女が龍宮城からお釈迦さまのもとに飛んできて宝珠を差し上げ、皆の前で仏に成る」（『大正』九巻三五中下）という場面があります。彼女が八歳の子供であること、女性であること、また畜生の身であることを思うと、色々な先入観や偏見を乗り越えて、すべての生きとし生けるものが尊いいのちであることを、『法華経』は教えていると言えます。

これは女性の成仏を説くお経として親しまれていますが、松本光華法尼の『民話風法華経童話その十三』では、ちょうどその話のところに「二人の童とアショカ王」というお話が挿入されています。

あるとき、二人の子どもが泥遊びをしていました。お釈迦さまが托鉢（たくはつ）をしているのを見て、その子どもたちは泥で一生懸命、形の良いおだんごを作り、お釈迦さまに差し上げました。それを見た大人は、泥だんごを出した子どもたちを叱りました。しかし、お釈迦さまは、子どもたちを叱った大人の方を叱った、というのです。お釈迦さまは、泥のおだんごに込められた子どもたちの純粋な思いを、しっかりと汲んであげたのです。

（松本光華［一九九〇B］四八頁―五一頁／筆者による取意）

これは、これから子育て・保育に携わろうとする大学生からの反響が大きかったお話です。どのような行いも、他者を思う優しい心を込めて行えば、「菩薩の行い」につながるものとして肯定的に意義づける考え方を「小善成仏（しょうぜんじょうぶつ）」の思想と言います。

子どもを授かるということ

子どもの新しい命は、どうやって母親の中に宿るのでしょうか。仏教では「輪廻転生（りんねてんしょう）」を言います。人間は、生まれかわり死にかわりしていく。人の魂は、亡くなってから四十九日の間、生と死の真ん中の存在、「中有（ちゅうう）」という状態で冥途の旅を続けます。その旅路（たびじ）は、暗くて目に見えないから「陰」です。途中で、有名な閻魔（えんま）大王の前も通ります。そして四十九日、中陰（ちゅういん）の旅路が満たされてゴールする「満中陰（まんちゅういん）」のときには、お釈迦さまが『法華経』を説いた霊鷲山（りょうじゅせん）の浄土、すなわち「霊山浄土（りょうぜんじょうど）」にたどり着きます。

日蓮聖人は、わずか十六歳の息子を亡くした母親へ宛てた手紙の中で、次のように書かれています。

> かゝるめでたき御経（おんきょう）を、故五郎殿は御信用ありて仏にならせ給ひて、今日は四十九日にならせ給へば、一切の諸仏、霊山浄土に集まらせ給ひて、あるいは手にすへ、あるいは頂（いただき）をなで、あるいはいだき、あるいは悦（よろこ）び、月の始（はじめ）て出（で）たるがごとく、花の始てさけるがごとく、いかに愛しまいらせ給らん。
>
> （「上野殿母尼御前御返事（うえのどのははあまごぜんごへんじ）」『定遺』一八一三頁）

尊い『法華経』を信仰されたご子息（南条七郎五郎）は、四十九日になったので霊山浄土でお釈迦さまや多宝如来をはじめとするすべての仏さまに迎えられて、あるいは掌に乗せられ、あるいは頭をなで、あるいは抱いて喜び合い、ちょうど月が初めて昇ってきた時のように、また花が初めて咲き出したように、大変に愛し慈しまれていることでしょう、と日蓮聖人はおっしゃっておられます。

ところで、最近は「妊活」という言葉を見聞きすることが増えました。不妊治療を受ける夫婦の数も増えています。「妊娠」、子どもが母親の胎内に宿るということが、現代社会の新たな風潮の中で、夫婦・家族において大きな意味をもってくるようになりました。

『倶舎論』という論書の中に、「九門分別」（『大正』二九巻四六上—四七上）ということが説かれています。種々の解説によれば、死後、中有の存在の姿には九つの特徴があると説明されています。とても小さく、空中を自在にものすごい速さで飛びまわっていて、何でも通り抜けることができる、などというのですが、次に母体に宿るときのことは興味深く思われます。子どもは、自分で父と母を選んでくるというのです。簡単に言うと、男に生まれるのは、母に惚れるから。女に生まれるのは、父に惚れるから、というのです。最近は、「親が勝手に子作りしたからオレが生まれたんだ」とかいう子どももいます。しかし、これによれば、全てが自己責任ということになるんですね。逆に、親の立場から見れば、子どもは勝手に生まれ来るものではなく、自分たちを親として選んでくれた存在だ、ということができるでしょう。

『法華経』では、「法師品第十」に次のような内容のことが説かれています。

> 良家の息子であれ、良家の娘であれ、その人は…世間（の人々）に安寧をもたらし、慈しむものであり、誓願の意志によってこのジャンブー洲（閻浮提）の人間の中に『法華経』を説き弘めるために生まれてきたものである。（『大正』九巻三〇下）

人は、ただ前世の業の報いによって生まれた、というだけではありません。「生きとし生けるものを慈しむ」という「誓願」があって、生まれてくるのです。機が熟し、「誰かを幸せにしよう、誰かと幸せになろう」という誓いを持ったとき、素敵なカップルを見つけ、この人をお父さん、お母さんにしようと決めて、胎内に飛び込みます。いのちを慈しむという「願い」によってこの世に生まれ、その「願い」をもってこの世を生きるのです。「誰かのためになろう」「誰かの幸せのために生きよう」という願いをもって、人は人として生まれ、その願いを生きていくのです。私たちは、そのことをすっかり忘れてしまっていますが、私も、私の目の前にいる人も、皆本来、誰かの幸せを願って生まれ、今を生きている尊い「いのち」であり、「菩薩」なのです。

八　「子育て」と「教育」

私たちは、尊い願いをもった「いのち」を授かり、育てます。子育て・教育というものは、自らの「いのち」を尊ぶと同時に、他者を大切な「いのち」として尊ぶことのできる、素敵な人間として育つことを願うことが第一にあるべきでしょう。「子ども」は、皆の幸せを願って生まれた「菩薩」であり、この世の闇を照らす「ともし火」なのですから。

子どもの情操教育、心の教育が大切だと言われます。しかし、一般的にはそこに仏さまの教え、あるいは宗教の教えが排除されてしまっているのが現状です。宗教に関する教育には、概ね次の三つがあると考えられます。

（一）宗教知識教育　宗教に対する客観的な知識

（二）宗派教育　特定の宗派の信仰を深める教育

（三）宗教的情操教育　「人智を超えた大いなるもの」「生命の根源」への「畏敬の念」を育む教育。特定の宗教宗派に限定されない広い宗教心を育む教育。

（一）宗教知識教育は公立学校でもできるでしょう。しかし、（二）宗派教育と（三）宗教的情操教育は難しいでしょうし、幼い子どもは特定の宗教や宗派の教義については理解できないでしょう。しかし、「ほとけさま」や「かみさま」を拝むことを通して、「いのち」や「死」について感じ、考えることはできるでしょう。

子どもの小さい時期に、宗教心に関わる活動をさせることは、日々、広い大きな世界に自己を位置づけることにもなり、子どもの健全な成長発達にもよいことだと思われます。

「食育（しょくいく）」が話題になっていますが、以前、給食の「いただきます」が問題になった、と聞いたことがあります。「合掌して『いただきます』をするのは仏教的だから、仏教徒ではないうちの子どもに、そういうことはさせたくない」と、親が学校に文句を言ったそうです。

人間は一人として、自分ひとりで勝手に生きていくことはできません。目に見えるご縁・見えないご縁、色々なご縁に支えられて、つながって生きています。「縁起（えんぎ）」の思想と言いますが、「いただきます」をするのは、そうした無限のつながりの中で命をいただくこと、それによって自分の命をつなげること、また、作ってくれたり運んでくれたりしてくれた多くの人たち、すなわち生きとし生けるすべてのものに対して感謝する、尊い気持ちからです。

近年の知育偏重・知識重視教育の傾向からの反省として、子どもの教育においても、大人の教育においても、仏教や宗教の思想は大きな意義をもってくると思われます。

九　「老い」と介護

インドの古いお経には、年長者を敬い世話するべきことが伝えられています。

一〇九　つねに敬礼を守り、年長者を敬う人には、四種のことがらが増大する。――すなわち、寿命と美しさと楽しみと力である。（中村元［一九七八］二五頁）

九八　みずからは豊（ゆた）かで楽（らく）に暮らしているのに、年老いて衰えた母や父を養わない人がいる、――これは破滅への門である。（中村元［一九八四］二九頁）

私は中学・高校で国語の教員もしているのですが、先日、「姨捨山（おばすてやま）」を読みました。

お月さまの名所・長野県の更級（さらしな）に住んでいたある男は、幼いころに親を亡くし、代わりにおばに育てられてきました。男はおばに養育の恩を感じていましたが、男の妻はその年老いたおばをうっとうしく思います。妻の言葉にそそのかされて、男は「山のお寺で、ありがたい法要があるそうですよ」と嘘をつき、おばを背負って山に捨てに行きました。男を呼び止める声に耳を傾けず、男は家に帰ります。しかし、おばを捨てた山に照る月を見て、かつての恩を思い出し、もう一度、山に迎えに行ったのでした。

（片桐洋一ほか［一九九四］三九一―三九二頁／筆者による取意）

生徒たちは「この男、まじで最悪」「これ、本当にあった話なの」と関心をもっておりました。女子校ですので、「みんなが将来結婚したとして、旦那さんにこういうおばさんがいたとしたら、どうする」と聞いてみました。「こんなことは言わない」という生徒もいれば、「状況による」とか「旦那の稼ぎによる」という生徒もいました。現代の高齢者福祉の暗い一端を示しているような内容ですが、こうした姨捨物語のようなお話は諸国にあり、古代インドにもあったようです。妻の言葉に従って両親を殺そうと企んだ男の話が、お釈迦さまの前世の物語「ジャータカ」の中にも伝わっています。

お釈迦さまが出家するときの四門出遊のエピソード、生老病死の「老」は、現代風に言えば、老いと介護、とも言えるでしょう。最近は「アンチ・エイジング」というように、「老い」を「克服する対象」として考える向きがあるようです。しかし、「老い」がなくなるわけでも、解消されるわけでもありません。むしろ、老いは決して解消されないということが逆説的に強調されているようにさえ感じられはしないでしょうか。

老いも含め、生老病死は、単なる現象ではありません。真理の現れです。あるいは、真理に気づくきっかけです。ですから、お釈迦さま、仏教の教えは、「老い」や「死」を「超える」とか、「老い」や「死」を通して人間を学ぶ、真理を学ぶ、という「智慧のともし火」を提供してくださっています。人間存在の尊さは老いや死によって失われるものではありません。智慧のともし火を頼りとして、尊い「いのち」を支え・支えあう、ケアし・ケアし合う、「共に生きる」縁起の実践を教えているのです。

十 「ケア」ということ

現代社会は、ケアが「外部化」したと言われます。職業としてのケアが満ち溢れています。病院は出産や看取りを、老人ホームは福祉や介護を、保育所は子育てを外部化したものと言えます。結果として、私たちは「ケアする人」と「ケアされる人」の区別をはっきりさせて、「ケアするよりもケアされたい」「より望ましいケアを受けたい」「お金を払っているのだからよりよいケアを受けて当然だ」と考えるようになりました。

専門職でなくても、困っている誰かをケアすることは、自己の優しい気持ちを具現化することでもあり、それにより心に充足感を覚えます。「ありがとう」の一言に嬉しくなるものです。しかし現代では、この当然のことが、逆に精神的な障害を引き起こすことも多くなりました。ケア中毒や共依存、共感疲労、バーンアウトなどという現象がそれです。

広井良典は『ケア学―越境するケアへ―』の中で、次のように述べています。

ケアという行為は、通常考えられているように、『私がその人をケアしている』といったことに尽きるのではなく、むしろ『私とその人が、互いにケアしながら、〈より深い何ものか〉にふれる』とでもいうような経験を含んでいるのではないか、ということである。ここで〈より深い何ものか〉とは、うまく表現できないが、生命とか、宇宙とか、たましいとか、人間を超えた存在といった意味である。このことは、たとえばターミナルケアの場面を考えると比較的想像しやすいと思われる。そうだとすると、「聴く」という行為の意味も、たんにその人と私の関係にとどまらない、プラス・アルファをもっているように思えてくる。相手の話に耳をすますことで、二人はより深い何かにふれ、それを共有する、といったことがあるのではないだろうか。

（広井良典［二〇〇〇］四頁／傍線は筆者による）

これによると、ケアという行為には、「人が人をケアする」「人が人からケアされる」という役割区分の構図が崩れて、人が互いにケアしながら、「より深い何ものか」にふれる経験という次元があることを指摘しています。これはとても面白い指摘だと思います。

看護や看病というと、イギリスのナイチンゲールをご存知の方も多いと思います。近代看護の生みの親と言われ、日本の看護教育でも必ず勉強する方ですが、彼女の書いたものの背景には、やはりキリスト教思想があることがうかがわれます。

これに対し、藤腹明子（ふじはらあきこ）は「仏教看護」という言葉を掲げました。欧米の看護学や看護論ではなく、わが国の宗教文化や風土に即した看護学のあり方を提唱するためです。藤腹は二〇〇四年、仏教を基にし、将来に活かせる日本的な「いのち」へのかかわりの理論と方法と実践を開拓していくことを目指して、「仏教看護・ビハーラ学会」を設立しました。

藤腹は「仏教看護」という言葉について、次のように定義しています。

> 仏教看護は、人間の生老病死に伴う肉体的・精神的苦痛や苦悩に対して、その人自らがその苦を引き起こしている原因や条件に気づき、その苦を滅するための正しい方法を行じて、目指すべき理想の姿に至ることができるように援助するとともに、看護される者、する者がその関係のなかで共に成熟することを目的とする。

（藤腹明子［二〇一二］三六頁）

この中で、看護される者、看護する者の両者が、関係の中で「共に」成熟することを目指す、と述べられていることは注目されるでしょう。

十一　生者と死者の「ケア」

回向と供養

「ケア」というと、生きている人同士の関係によるものですが、生者と死者を共にその範疇に入れた「ケア」があるとすれば、仏教では「布施」「供養」、あるいは「回向」という営みになると思います。

わが国には生者と死者との「つながり」のある死生観があったと言えます。亡き人が「草葉の陰」や「山の向こう」「海の向こう」にいる。「傍にいる」「見守ってくれている」感覚、たとえ「地獄の底」にいたとしても、お盆には「家に帰ってくる」感覚。死と生の連続性や、円環的志向性、生の世界と死の世界の距離感の近さというのが、日本的死生観の特徴の一つだと思います。

そして、生者と死者のつながりを支えるもの、あるいは生者と死者をつなぐ舞台が、看取り、通夜・葬儀・告別式、初七日（しょなのか）や四十九日・年回忌法要、お墓・仏壇、お盆・お彼岸といった仏教的宗教儀礼だったと思います。そうした舞台装置が実は整っていたはずなのに、現代はそうした舞台装置を活かすことができなくなってきていると言えます。

生者の捧げる供養・回向によって、死者は「ホトケ」として善処（ぜんしょ）に生まれ変わる、という観念があります。「追善供養（ついぜんくよう）」と言いますね。死者の変わりに生者が功徳（くどく）（善い経験値）を死者のもとへ後から送ることにより、死者の境遇が改善されると考えたのです。

私は死者のもとに宅急便が届くと説明します。『法華経』は白い蓮のような教えですから「シロハスヤマト」と言ったりしますが、供養の功徳が物理的なものとして届くというのは方便でもあります。「この法事の供養の功徳を、あの人に回向、プレゼントさせていただこう。ありがたいことだ」という喜びの心に共鳴して、回向された相手もまた「ああ、素晴らしいことだな、ありがたいことだな」と共に喜びます。この「共に喜ぶ」という善行によって、回向された相手も善行を積んだことになって、その功徳によって救われることになるのです。

「共に喜ぶ」ということは、簡単なようですが、実は重要な徳目の一つです。「四無量心」、すなわち慈・悲・喜・捨という四つの心構えがあります。慈は楽を与えること、悲は苦を抜くこと、喜は喜びを共にすること、捨は「してやっている」という我執を捨てることです。人の幸せを見ると「何で自分ではなく、あの人がいい思いを…」と、嫉妬という煩悩がはたらきがちです。人の喜びを素直に一緒に喜ぶことは意外と難しいものなのです。

グリーフケア

大切な人と死に別れたときの喪失の悲しみを「グリーフ」、悲嘆と言います。最近は

「グリーフケア」という言葉もよく聞かれるようになりました。「時間が人を癒す」と言いますが、少しずつ、大切な人を失った事実と向き合っていかなければなりません。悲しみと向き合う営みを「グリーフワーク」とも言います。

そこで注目されるのは、死者供養の中の、中陰法要です。初七日にはじまり、四十九日、あるいは百箇日までの法要には、それぞれ名称があります。その名称と解釈の一例を挙げてみます。

初七日「初願忌」　故人の死を受け止め、故人の恩に報いることを願う。今後、自分の生き方ついての誓願を立てる。

二七日「以芳忌」　芳しい香りを捧げ、故人の遺徳・すばらしさを振り返る。

三七日「洒水忌」　きれいな水ですべてを清めるように、生前のわだかまりや擦れ違いを清め流していく。

四七日「相等忌」　故人の生前と立場を相等しく置きかえて考え、何ができるか、何をしてさし上げられるかを考える。

五七日「小練忌」　死に別れた故人との関わりを、少しく練習してきたことを振り返る。

六七日「檀弘忌」　故人の関わりを通して育んだ、悲しみに寄り添う力を、他の人にも向けて広く施していく。

七七日「大練忌」　故人、死者との関わりについて大いに練習を積んで、命のつながり・絆を感じ取れるようになる。

百箇日「卒哭忌」　故人に対する落涙・慟哭を、徐々に卒業していくことを思う。

死者と向き合うとき、例えばお仏壇やお墓の前で、故人に語りかけることがありますか。直接の答えは返ってきません。しかし、故人のご霊前で語りかけることによって、話を聞いてもらっているような、寂しさのなかにも安心感のようなものを感じたことがある方もいらっしゃるかと思います。また、何かをしようとして失敗したときに、「あ、これは亡くなったおじいちゃんが、今はやらなくていいって言ってくれているのかな」と思うことによって、気持ちが楽になるような、そういう経験がある方もいらっしゃると思います。

こちらが死者に語りかけると同時に、死者が生者に何かを語りかけてくるような感覚があるとき、実は生者と死者との「対話」は成立し得るのではないでしょうか。

「ケア」というと、生きている人同士によるものと思われがちですが、グリーフケアのような、死者と向き合う営みは、「死者が生者にはたらきかけ、生者をケアする」という側面も指摘できると思います。

家族の中で、生者と死者が、共にケアし、ケアされる関係。共に喜びを共有し、救われる関係。仏教儀礼はそうした視座を構築する手がかりになるのではないでしょうか。

看取りの作法「臨終行儀」

わが国では昭和五十一年、自宅で亡くなる方と医療機関で亡くなる方の数が入れ替わり、今では八割を超える方が医療機関で亡くなります。しかし、住環境や医療・福祉の諸制度の変化、「地域包括ケア」の考え方など色々なことを背景に、徐々にですが、最期は施設・病院から在宅へ、というゆるやかな波が感じられます。福祉・医療・看護のいずれの領域においても、「死」について正面から向かい合い、「死への旅立ち」を視野に入れた社会福祉関連の政策の対応などは、未だ緒についたばかりと言えます。

「臨終行儀」という言葉をご存知でしょうか。臨終行儀とは、人生最期のときの迎え方とその看取り方に、一定の心得と作法を示したものです。「死にゆく・看取る人・お見舞いをする人、それぞれの心構えやマナー」です。

日蓮宗的な臨終行儀は、江戸時代の日遠上人が書かれたとされる『千代見草』によくまとまっており、現代語訳が出版されています（柴田寛彦ほか［二〇一一］）。

娘に先立たれたある女性が、日遠上人にいろいろな悩みを打ち明けました。その悩みに答えたものが『千代見草』という書物です。上巻には日常の用心を、下巻には臨終の姿や看取りのあり方について書かれています。

その内容をつぶさに読むと、インドのお釈迦さま、原始仏教以来の仏教の根本精神を数多く伝えています。信仰の形としては日蓮宗の考えが中心ですが、臨終行儀・看病やお見舞いの心得は、宗派に偏らない、仏教に普遍的な考え方が貫かれており、また遺言を作成しておくことや薬物に頼り過ぎないことなど、現代的にも示唆の富む内容となっています。

臨終行儀を伝えてきた書物からは、平生(へいぜい)の用心、病と死の受けとめ方、臨終の環境、医療行為の意味などについて、さまざまな教訓を学ぶことができます。しかし、それをそのまま現代の私たちが実行することは難しいでしょう。だからこそ、こうした智慧に耳を傾け、「現代版の臨終行儀」を作っていくことが今、求められているのです。

十二　終わりに

今回の公開講座にあたり、タイトルに「共に生きる」と副題をつけました。家族がこよなき幸せを実現しながら「共に生きる」ということの中には、夫と妻が・親と子が共に生きるということだけでなく、生者と死者が共に生きる、ということまでも含めてよいと思います。

私たちは、皆それぞれ、「自分ひとりだけではなく、共に幸せになろう」という尊い願いをもって生まれた、その願いに生きている存在、菩薩なのです。私たちは、それを忘れているのです。

『法華経』は、お釈迦さまと弟子たちとの対話です。すなわち、お釈迦さまと、私たちとの対話なのです。親と子の対話なのです。私たちは、お釈迦さまとの対話を通して、私たちが菩薩であることに、私たち自身のいのちの尊さに、そして親のありがたさや子どものありがたさに、改めて気づくのです。

家族は共に生き、共にケアする存在です。そしてその関係は、ケアする人・ケアされる人、という関係ではなく、「私たちと、超越的なものとの関係」の中で捉える必要もあります。御題目を唱える私たちに、お釈迦さまはその因行果徳のすべてをお譲りくださっています。家族の幸せは、そのお釈迦さまの慈しみの心を、合掌の姿で分かち合うところからはじまるといっていいでしょう。

家族のことを思う行動は、どんなに小さなことであっても心を磨く、尊い行為です。そして、日々の生活の中で、家族は共に生き、共に喜び、共に成熟していくのです。

現在の身延町出身のお坊さんで、木喰(もくじき)上人という人がいます。江戸時代の真言宗の僧侶で、仏像を彫りながら全国を旅した人ですが、その仏像はどれも笑顔で、ユニークな顔をしています。木喰上人は、身延山に来た時は大きな声で御題目を唱えていかれたそうですが、彼はこんな詩を残しています。

みな人の　心をまるく　まん丸に　どこもかしこも　まるくまん丸
まるまると　まるめまるめよ　わが心　まん丸丸く　丸くまん丸
（柳宗悦［一九二六］三九頁）

丸い心には、角が立ちません。こちらから丸い心を施せば、相手のとげとげした心を優しく包んであげることができるでしょう。家族が幸福であることを「家族円満」と言います。家族がまるく、喜びに満ちた状態をさしていう言葉です。家族皆が手を合わせ、家の中に丸い心があふれれば、それこそ家族円満、間違いありません。

尊い人生の歩みを通して、皆さまの中に「清らかな喜び」が円(まど)かに成就されますことをお祈りいたします。

第四章

看取り――施設で亡くなるということ――

一　はじめに

今から「現代社会における家族問題―仏教と福祉の視点より―」ということで、身延山大学身延公開講座の第四回目の講座を始めさせていただきたいと思います。

私個人の自己紹介をさせていただきながら、本日のテーマに入らせていただきたいと思います。私は平成元年から平成二十年まで介護職に従事しておりまして、特別養護老人ホームの管理職を最後に大学の教員になりました。大学では介護福祉士を養成する専攻にて教えております。

今のお話にもありましたように、平成十二年には、特別養護老人ホームの介護職員として勤務しながら、高齢者のお世話をしておりましたが、ちょうどその頃、それまでは自治体が高齢者の社会保障を担当していましたけれども、少子高齢化の影響により財政面が逼迫してきたことが原因で、改めて国民から広く税金を集めて高齢者を支えていくことになり、それに合わせて制度と法律が変わったのです。

本日のお題は高齢者福祉施設での「看取り介護」と言いまして、施設で亡くなっていく時に、実際に施設の中でどのようなことが行われているのかということについてお話をさせていただきたいと思います。

二　多死時代を迎えて

私には、介護現場で仕事をしている時に、高齢者を最期まで看取らせていただいた経験があります。本日は「施設での看取りの現状」ということで、数字もあげながら、実際に法律がどのように変わってきて、皆さんにどのような影響を与えるのかということについて少しお話していきたいと思います。

まず、高齢者人口の変化についてお話をします。総務省統計局が発表した「平成二十七年国勢調査　抽出速報集計結果　結果の概要」（五頁）によると、日本の総人口に占める六十五歳以上の高齢者の割合が過去最高（二十六・七％）になったということで、これは大正九年の国勢調査開始以来、史上初の出来事だということでした。

ここまで高齢者の割合が増えれば、日本は高齢者が中心の社会になったと言えましょう。

しかし、今の高齢者は、少し昔の高齢者に比較して、心身ともに健康な方が多いように思います。現在の七十代・八十代の方は身体測定などをしてみると、昔の六十代くらいの体力があることが分かっています。ですので、高齢社会だからといって社会が大変なことになったというふうに考えるのは、少し違うのではと私は思っています。

では、今の高齢者社会では何が問題になってきているのでしょうか。

様々な問題があると思いますが、本日は日本の高齢者にとってもっとも深刻な問題の一つになりつつある「亡くなる場所」ということにスポットをあてて、「看取り介護」と関連付けながら、お話をしていきたいと思います。

会場の皆さんが若い頃は、皆さんのご家族は、基本的にはご自宅で亡くなっていたと思います。実は、今から四十年以上前、ちょうど私が生まれる頃の話になりますが、その頃は自宅で亡くなる方が八十％くらいおりました。お寺さんにご遺体を運ぶか、お坊さんにきていただいて自宅でお葬式をするか、お通夜をするか、そういう時代でした。

しかし、中央社会保険医療協議会が公開しているデータ（資料（総―六―二参考）／四頁）によると、今では八十一％の方が病院で亡くなっています。日本人全体の八割程度が病院で最期を過ごすのが普通となり、特別養護老人ホーム、老人保健施設、ケア付きというわゆる福祉の系列の割合は、わずか二・四％に過ぎません。自宅で亡くなるということに至っては、十三・四％と、一昔の八十％くらいに比べれば、一気に減ってしまっているのです。

よほどの条件がそろわない限り、自宅で亡くなるということは、法律的にも今の時代では難しいのです。日本人が亡くなる場所が病院になったのは、日本人自らが選んだのではなく、実は法律上の問題もあります。それも説明していきますが、とにかく結果は八十一％とかなりの割合を占めています。

他の国はどうでしょうか。フランスでは、五十八・一％の方が病院で亡くなり、福祉系の施設では十・八％、それから自宅は二十四・二％で、まちまちです。次にオランダでは、さらに病院が減って三十五・三％、福祉系の施設では三十二・五％、自宅は二四・二％になっています。フランスやオランダでは、最後の場所を、ご自身でお決めになっていることが多いようです。

ですが、今の日本では、皆さんの意識の中にもなんとなく、亡くなるなら病院というのがあるのではないでしょうか。しかし、病院は亡くなる場所ではなく、基本的に病気を治療する場所なのです。

では、日本人の場合を考えてみましょう。まずは団塊の世代を取り上げます。まさしく今、この講演を聴いていただいている皆さんより、少し下の世代の方々が七十五歳を超える時期がきます。この団塊の世代の方々が後期高齢者に差し掛かる年代になると、その人口は約二千万人になると言われています。そうすると、今から十数年後の話になりますが、今ではとても考えられないような数で亡くなる時代がきてしまうのです。

団塊の世代は、先ほどの話にも出ましたように人口が多いわけで、その人たちが七十五歳以上になると、平均寿命がいくら伸びたとしても、時期は別として、いつかは亡くなる時がきてしまうのです。

そこで、この団塊の世代の方々が亡くなる場所が問題になってきます。人口から考えてみると、日本中の病院のベッドをすべて使用しても足りなくなって、病院の機能そのものが麻痺してしまう恐れが出てきます。病院は先ほどもお話しましたように、病気を治療する場所であり、亡くなる人のための施設ではないために、緊急で治療が必要な方や妊婦さん、長期の治療が必要な病気の方も入院してきますので、このままの状態を放置しておけば、本当に治療を必要とされている方々が入院できなくなる恐れが出てくるという事態が起こってしまいます。

私たちの間では、このような現象が起こることを「多死時代」と呼んでいます。この多死時代と呼ばれるような現象を私たち日本人は、過去において経験したことがないわけです。皆さんはもちろん、敗戦からこの国を立て直そうと一所懸命に支えてきた皆さんの先輩たちも残念ながら経験していない、いわゆる答えがない現象が生じるのです。

今、「終活」という言葉が高齢者の方々の間で話題になっているようで、様々なところから話を聞きます。テレビでも終活についてよくコメンテーターの方々がお話していますが、この終活という言葉は正確には「人生の終わりのための活動」ということの略語になるわけです。これは人間が人生の最期を迎えるにあたって行う様々な準備やそこに向けた人生の総括などを意味する言葉です。最近は、あちらこちらで終活に関するお話をする講師の方もいらっしゃると思いますが、お話を聞くと、必ずと言っていいほど次のことをまずお話されると思います。延命治療をするかしないかというお話です。でも、本当に問題なのは、「私たちはどこで死ねばいいか」ということになります。

先ほどもお話しましたが、すでに日本には多数の高齢者がいるわけです。病院はその高齢者の方々が亡くなるためだけに入院することを許してはくれません。現在は、後期高齢者が病院に入院してから何箇月か過ぎると、病院が診療報酬の関係上赤字になるような医療制度になっています。

そのため、高齢者の場合、例えば、癌や肝硬変のようなよほど重篤な病気でないと、高齢者が長期入院することは難しい状況になってきています。たとえ脳梗塞が原因で麻痺になった場合でも、ある程度の治療が済んでリハビリが必要な状態になってくると「これから先は福祉のほうに行ってください」と退院させられます。

しかし、テレビで言われている終活では、そのようなことはぜんぜん触れていません。皆さんも聞いていないはずです。終活ということで講師の方が来られても、おそらく今、私がお話した事柄についてはあまり言われないと思います。

この「高齢者の死に場所がない」ということについては、最近の国勢調査やその他の統計などによって、ようやく分かってきたことですので、テレビのコメンテーターはあまりこの問題を念頭においてコメントをしているようには思えません。お葬式や相続の話が中心になってしまっていると思います。

ということで、「私たちはどこで死ぬか」という問題について、これからは真剣に考えなければいけないと私は思っています。最期の時を迎える場所が病院か自宅かそれとも介護施設か。このままでは自分でその選択ができないどころか、最期の場所を確保することすらできない可能性が高くなってきています。

三　看取り介護について

次は看取り介護の制度についてお話していきます。

介護保険が施行されて最初の制度改正を終えた頃から、国は高齢者の介護を財政的な理由や施設の確保、その他の理由などにより、介護を行う場所を「施設」から「在宅」へとシフトさせてきました。この在宅介護を実現するための仕組みが医療・介護・生活支援を地域で行っている「地域包括ケアシステム」です。身延町にも「地域包括支援センター」という名前の施設があると思います。

これまでお話してきたように、自分が生まれた場所で死ねるかどうか、ということに対して、まるで受験戦争並みに激しい競争が生まれる可能性があるのです。そのため国は、なんとか高齢者が在宅で介護を受けられるよう地域包括ケアシステムに政策転換を始めました。その他にも国は、社会福祉分野の施設である高齢者福祉施設でも看取りを行ってくださいというような方針を決め、制度改正を行ってきました。ここのところが、この問題に直面している世代の方々にはあまり認識させていない可能性があると思います。

そのような国の状況を反映して、これまでに介護保険の見直しというものが度々行われてきました。皆さんもご存知の通り、介護保険は、平成十二年に始まって、その六年後には、特別養護老人ホーム入所者の重度化などに伴う医療や看取りのニーズに対応する観点から「重度化対応加算」や「看取り介護加算」という項目が新設されました。

これにより「看取り」といういわゆる特別養護老人ホームで高齢者の方が亡くなる場合には、その施設に対して、きちんとした「看取り介護加算」という手当が付くことになりました。しかし、その実情は「現場の介護職員や、その他の職種の方々に、ちゃんとお金を出しますから、国民の皆さん、あとはよろしくお願いしますね」ということです。

これが平成十八年に始まり、三年後の平成二十一年には、看取りの労力を適切に評価するために「特別養護老人ホームの看取りの介護加算基準」というものが改正されるとともに「介護老人福祉施設」これは「特別養護老人ホーム」の法律上の名称ですけれども、「看取り加算」「ターミナルケア加算」というものが新設されました。

このような看取り介護を行う施設は「介護を行う人数を少し多めに雇ってもいいよ」ということにしたわけです。それだけ看取り介護というものは、日常の介護以上に様々なことを考える必要がある介護行為なのです。

またこのことは、わが国で初めて、病院以外の場所でご本人が「この場所で死ぬ」と決めて、医療専門職以外の職種の方々によって看取られるということであります。

この看取り介護というものは、これまでの介護とは考え方や介護の質が違います。ですので、私はこの看取り介護が始まった時、最初の頃は「何をどうすればいいいか」分からなくて、大変な思いをしたことを覚えています。

背景に様々な問題があるにせよ、法律の改正により「このようなイメージでゆったりと逝かしてほしい」と言われれば、事前の手続きはありますが、法律上は自宅の近くの特別養護老人ホームや老人保健施設などで亡くなることが可能になりました。これは有料老人ホームに対しても同じく言えることです。特別養護老人ホームばかりではありません。有料老人ホームも同じ状態で加算が取れるようになっています。

それでは実際の看取り介護というものはどのようなことを行うのでしょうか。

全国の特別養護老人ホームが集まって作っている「全国老人福祉施設協議会」という団体がありますが、この団体が看取り介護に関する基準を作成しています。

それによると、「『看取り』とは、近い将来、死が避けられないとされた人に対し、身体的苦痛や精神的苦痛を緩和・軽減するとともに、人生の最後まで尊厳ある生活を支援すること」（看取り介護指針・説明支援ツール／四頁）と定義しています。

病気や痛みに対して、治療ではなく、緩和させていく、穏やかにしていくということです。それと、その方の人生の最期を尊厳あるものにし、そうすることによって、その人らしい亡くなり方を尊重すること、その形は千差万別あると思いますが、なるべく、ご本人が中心になるように、私たちはあくまでも支援をしていくというふうに決めて行っていきます。

ですので、看取り介護を行うお部屋というのは、基本的には個室になります。それからご家族の方が付き添いのために泊まれるようなお部屋も特別養護老人ホームでは用意しています。ご家族の方が泊まって看取り介護ができるようにお部屋まで用意することは病院ではなかなかできないと思います。皆さんも病院に行かれたことがあれば、お分かりだとは思いますが、病院にはご家族の方が別の部屋に泊まって、煮炊きをしたり、自炊をしたりすることができる場所はありません。

古い特別養護老人ホームは改築しているところもありますけれども、新しい施設であればあるほど、ご家族の方が最期まで一緒にいられるようにお部屋を用意していますし、お部屋によっては、その中でご家族の方がご本人のために食事を作ったりして、病院とは違う、どちらかと言えば、ホテルに近い様子の部屋を作っている施設が非常に多くなりました。

それは、国がきちんと予算を付けて支援しているからで、当然のことながら、その予算がすべての特別養護老人ホームに出ていますので、そちらのほうにきちんと予算を使っている施設であれば、そのようなお部屋が設けられていると思います。

四　在宅で亡くなった場合

ここで改めて、今の時代に在宅での看取りは可能なのかということについてお話をさせていただきたいと思います。

結論を先に申しますと、在宅での看取りは法律上は可能です。しかしながら、在宅の場合、法律的な制約が多いと私には思えます。というのは、在宅で亡くなった時、お医者さんが死亡確認をする前に、例えば、ご家族の方が亡くなった方の衣類を整えるとか、北枕にするなど身体を動かしてしまうと、それだけでも法律的にはお医者さんの死亡診断ができませんし、他にも身体を洗う行為や、湯灌（ゆかん）までしてしまうと、なおさら駄目です。

そうなると、私たちではお葬式を出すことができなくなり、また役所からは火葬届けを出してもらうことができなくなります。そうするとどうすればいいかというと、警察に電話をして資格をもっている司法警察官にきてもらうことになります。

この司法警察官は不審な事故、例えば、道端で人が亡くなっていた場合、交通事故で人が亡くなった場合、あるいは家の中でも家具に頭などをぶつけて亡くなっていた場合、そういうときに動きます。

そのような状態で亡くなっていた方を見つけた場合、私たちには司法解剖というイメージがありますが、そうではなく、司法警察官にきてもらう必要があるのです。そしてその死体に不審な点があるかどうかを確認してもらうまでは、お葬式は出せないのです。具体的には刑事訴訟法第二百二十九条という法律で、検死を受けない限りは、役所のほうで火葬などの許可は出ません。

五　看取り介護の実際

次に施設で実際にどのような看取りが行われているかについてお話させていただきたいと思います。

実際に施設で看取り介護を行う場合、最初にご本人とご家族の方の要望を確認することになります。しかもかなり細かいところまで要望を聞いたりします。例えば、「今はどのように一日一日を過ごしていらっしゃいますか」という問いかけから始めます。看取り介護の場合は、その一日一日をどのように過ごしていくかという問題が非常に重要です。だからこそ、ご本人には一日一日を大事にして過ごしていただきたいですし、そう過ごせるように私たちも支援をしていかなければいけないと思います。そのためにも、ご本人の日常生活のことを細かいところまで何度も確認しながら、聞き取りを行っていきます。あまりしつこく聞くのもよくないのですが、これは看取り介護を行う上で、とても大切なことですので、ご本人のみならずご家族の方の気持ちも含めて確認をしていきます。

　また、施設で看取り介護を行っていく際に、起こりうるリスクについても想定できる限りのことを説明していきます。万が一の場合、例えば危篤（きとく）や臨終の時の連絡方法についても確認をします。当然のことながら「誰を一番に呼んでくれ」とか「誰それにはこんな感じで今の状態を話してほしい」という要望も確認しておきます。

また、ご本人が最期を迎える時に栄養点滴や水分補給などをすると、いくら亡くなる直前とはいえ、ずいぶんと身体の調子が変わってきますので、そういうことに関してはどのような対応をしてほしいかということも確認します。

これは延命治療とは違う話です。少しでも身体を楽な状態にする、しかしこの場合はその分、死を迎える時間が長くはなりますが、ホッと一息というか、言い方がおかしいですけれども、そういう瞬間もあります。そういうことについてはどのようにするか。本当に細かいことになりますが、そういうところまでご本人の希望を聞いていきます。また聞き取りに対する説明も行っていきます。

「尊厳ある死」という意味で、ご本人の死生観やその確立については、菩提寺のお坊さんにお越しいただいてご相談させていただくこともあります。ご本人の信仰はそれぞれ個人の問題になりますが、やはり心の中では不安になるわけですので、当然その不安に関しては常日頃お話をされているお坊さんにきていただいてお話をしていただくというのがいい場合があります。そのようなご本人の心の問題についても私たちは話し合いをさせていただきます。

そして看取り介護というものを行っていく。ご本人自身にも看取り介護について少しずつ理解をしていただく。心の準備をしていただく時期です。この時期はご本人の中で様々な葛藤が生まれてきます。

この時期に似たような状態としては、癌治療時の延命治療をする、しないの事例があげられます。「延命治療はしません」と言っていた人の半数近くが、「延命治療をしてくれ」と言いだします。「延命治療はしません」と、ご本人が書類にサインをしていても何割かの方は「延命治療をして欲しい」と言います。

誰だって死ぬのは怖いですし、誰だって経験していないことは不安になるわけです。このような死に直面した場合には、誰かが寄り添って様々なお話をして差し上げる必要があると思います。そういう意味では迫りくる死の恐怖の前に気持ちが不安定になった時に、どのような支援を行うべきか、それを私たち看取り介護に係る人間は、長い時間をかけて普段から深く考えています。

次に施設に入所している時期のお話になりますが、健康状態の確認や死ぬことに対する理解をより明確にしていくということを目標に支援を行っています。それを実現するために、例えば、菩提寺のお坊さん、ご家族の方、親しい友人の方、それから学生時代の同級生などにも面会にきていただくようにお願いをしています。

これらの方々と、ご本人の若い頃の話をはじめ、ご自身の人生そのものを振り返っていただく、そのようなことをする時期にあたります。この時期は心の中で漠然としていた「自分の死」「死生観」というものについて、より踏み込んで深く考えていただくことになります。この時期にはめったに会うことのなかった友人に数十年ぶりに再会したとか、喧嘩していた人と数十年ぶりに会って和解したとか、よく耳にしますので、ご自身もなんとなく「あ、俺もそろそろかな」という心の準備というものができる時期でもあります。

　また、この時期はご本人もそうですが、私たち職員も看取り介護に対して、かなり悩み苦しむ時期になります。施設の中とはいえ、人間関係ができているご本人を看取るわけですから、本音の部分では私たちもそのようなことはしたくないのです。

　私たちの場合は仕事として、たとえ一日のうちに八時間ほどしかご本人と付き合いがなくても、それはご本人もそうだとは思いますが、お互いに人間関係ができていますので、心情として辛くなるわけです。施設の中で家族以外と家族のような人間関係ができてしまっている。介護をしている立場からすると、ご本人の死が近いと分かっている状態で、看取り介護を行っていくというのは、正直なところなんとも言えない気持ちになるのです。

　私も現場の介護職員からそのような看取り介護に関する悩み相談を受けた時に、どのように答えればいいか分かりませんでした。私自身が今までの人生の中で、信仰とか信じるということに対して無頓着でしたので、悩み苦しんでいる職員さんにかける言葉が見つからなかったのです。そのようなこともあり、宗教や死生観に関する書物に目を通して、それから本当に様々なことを考えたりしましたが、いまだに「これだ」という答えは出ていません。

死を目の前にした人間、死を覚悟した人間の言葉を受け止めるという行為は、看取る側にもそれなりの気力や体力が要るのです。「俺、もう死んじゃうんだよね」というその一言がものすごく重く私たちの心に響いてきます。その重い一言に対して、どのような言葉をどのように返すべきか、いちいち計算することなどできません。私たちも真剣に、本当に心から出てきた言葉をかけない限り、その場しのぎのただの慰めや嘘の方便では、それが偽りであるということを相手にすぐに見抜かされてしまうのです。

またこの時期になると、ご本人には欲のようなものがなくなるようで、どんどん無欲になっていき、表現するのは難しいのですが、一種の悟りに近いような状態になっていきます。そういう方は相手の気持ちがすごくよく分るようで、介護をしている職員さんに「何々ちゃん、今日、彼氏と喧嘩したね」とか、これがたいがいあたるのです。その言葉を言われた職員さんは、ご本人に対してすごくにこやかにしていたはずなのですが、ご本人にはそのような心の動きが分かるようです。だからこそ、ご本人に話しかける言葉を選ぶというのは難しい行為になるのです。

看取り介護に携わってきた経験を今振り返ってみても、その時の自分がうまく支援できていたとはとても思えません。今でもその時のことを思い出して後悔することがあります。またときどきその場面を夢で見ることがあります。あの時、ご本人にこういう言葉をかければよかった、今の自分ならこういう言葉がかけられるのに、ということを今になってから思うわけです。他の看取り介護を行っている介護職員もきっと同じような悩みを抱えていると思います。先ほどからの繰り返しになりますが、それまでは誰も看取り介護という行為を行ったことがなかったからなのです。

私たち介護現場で働く人間は、ご本人の痛みや病気に対する治療ができませんので、そこにジレンマを抱えてしまうことになるのです。特別養護老人ホームでは医療行為はほとんどできません。医療専門職の方々が最低限の治療行為、痛みなどの緩和をできる限りしますが、病院とは比較になりません。病院に入院していたら痛み止めの薬を注射したりして痛みを緩和することができます。それができないというところに看取り介護に係る人間にとってのジレンマやストレスがあるということも知っていただきと思います。

次の段階は肉体の衰弱が進行していく時期です。この時期は肉体的にどんどん死に近づいていきます。この段階になると、私たちもご本人の状態についてなるべく正直にお伝えするようにします。食事はほとんど取れなくなってきますし、意識も朦朧としてくることがあります。それと同時に身体の痛みなどはどんどんなくなっていきます。ですので、ご本人にはご自分の身体にどのような変化があるかということを客観的にお伝えすることがすごく必要になってきます。

今はこういうふうに普通にお話していますが、当時は相当悩んでいました。この段階で私たちができることは、ご本人のお話を聴いて差し上げることぐらいしかありません。ですので、できる限り時間を作ってお部屋で何時間でもご本人のお話を聴きます。たとえ同じ話を繰り返されるとしても、体力の限りお付き合いさせていただきます。

また、できる限りご本人のお部屋に一日中誰かがいるようにします。ご家族の方にもお願いをして、なるべく面会にきていただけるようにします。他にも「会いたい人はいますか」などと聞いて、その方にも必ず連絡します。その方に電話をして「私どもの施設で介護を受けていらっしゃいます。危篤ではないのですが、そう長くはもたないと思いますので、もしよろしければきていただくことは可能でしょうか」ということをお話します。どんな人に会いたいかというご要望は本当に様々で、例えば高校時代の初恋の人に会いたいとか、その他色々あります。

この段階になると、ご本人の望みが最優先になります。食事の好みも望むものはなにもかもぜんぶ施設の条件が許す範囲で、私たちは最大限の努力をもって希望を叶えるようにします。そしてある日、ご本人は最期を迎えて旅立っていきます。

ここまでの看取り介護についてのお話は、ご本人に対する精神的な働きかけを中心としたものでありました。実際の介護の話をしますと、この時期の介護は清潔さを保つことがすごく大事になってきます。例えば、シーツ一枚を変えるだけでも、ご本人にとっては気分がぜんぜん違うものです。私も経験したことがありますが、インフルエンザなどで一週間も寝たきりの入所者のベッドシーツを毎日変えると、もう気分がぜんぜん違うと言ってくださいます。ですので、絶対に清潔な環境を保つ必要があります。普通の施設であれば、週に二回か三回程度になると思いますが、看取り介護を行う施設では毎日変えることが肝心だと思います。

この時期になると、ご本人の身体がだんだん動かなってきます。しかし、それでもあえてベッドから起きていただいて少しでも歩くようお勧めします。寝たきりの場合でも外の空気に触れていただくようにします。病気はこれ以上好転することはありませんので、風邪を引く恐れがあるからお部屋に居続けるということよりも、やはり外の風にあたるとか風景を見るとか鳥の声を聞くとかして、心を穏やかにする行動を起こすようにすることがすごく大事になってくると思います。

寝たきりの状態が続けば、いわゆる身体が動かなくなる廃用症候群ということになってしまう場合があります。身体の機能が低下して褥瘡、いわゆる床ずれなどになって不愉快な思いをされることがありますので、そういうことがないように最大限に気を遣います。

また、呼吸を安楽にし、食事を口から召し上がっていただく、経口摂取をなるべくしていただくように支援しています。

それからご本人の尊厳を取り戻す努力として、排泄のためにオムツをされている方であっても、なるべくしないことをお勧めしています。今は機械などで大小便が取れるようになっていますので、その機械を使用してみるとか、様々な工夫をします。

そういう様々な工夫をこらしながら、ご本人が快適に生活できるような環境にも気を配りつつ介護をしていきます。これがいわゆる「看取り介護では実際にどのような介護を行っているか」という部分になります。ここまで私がお話ししてきたのは、ご本人に対する精神的な働きかけや実際の介護行為に関する事柄です。

今度は医療の面についてお話ししていきたいと思います。施設において医療専門職として働いている看護師や協力病院の医師は、看取り介護の中でも「痛み」の部分をコントロールしています。これを疼痛コントロールと言います。生命を脅かす疾患による問題に直面している、硬い言葉で「緩和ケア」になりますけれども、簡単に言うと痛みです。

日常生活の中で発生する様々な痛みをなるべく緩和していくことになりますが、病気や治療に関することはやはり介護職員よりは、お医者さんの言葉のほうが説得力もありますし、重みが違いますので、毎日はちょっと難しいですけれども、二日に一回くらいは直接きていただいて身体の状態はどうであるとか、この先はどういうふうに変わっていくのかなどという説明を何度か繰り返して行っていただきます。そういうことを含めて疼痛緩和ケアと言います。医師が来られない場合は、看護師に代わりをお願いすることもあります。
とにかく自分の病気の進行具合は、誰だって毎日知りたいわけですので、病院では「一日では変わらないよ」とよく言いますが、看取り介護の現場においてはそのような悠長なことは言えないと思います。看取り介護という行為は、ご本人に安心していただくことも大切なことなのです。

ご本人の最期の時期についてもう少し詳しくお話していきたいと思います。この時期は様々な手を尽くしても、ほとんど回復が見込めない末期になります。施設では、この期間中に、ご本人にできる様々な看取り介護について、改めて計画書を作成してご家族の方と話し合いをさせていただきます。

最期の思い出として会っておきたい方、それからご本人に会わすべき方にも細かく連絡を取っていきます。いよいよお別れの準備に入るわけです。亡くなった時、最初はどこに連絡をすべきか、その順番とか、亡くなった時に何を着せたらいいかなどの確認をします。

これはなぜかというと、ご家族の方が亡くなる瞬間に間に合えばいいのですが、間に合わない場合もあり、これればかりは誰も、医師ですら予想ができないことですので、その時に備えて、私どもはご本人のお話をきちんと聞いて細かいチェックリストを作成し、その対応をさせていただくようにしています。そして、ご本人が最後を迎えます。

亡くなった時の対応についても重要です。死亡届けの作成支援や葬儀会社への連絡など現実的な手配も看取り介護の一環になります。

六　グリーフケアについて

ご本人が亡くなっても看取り介護は終わりません。ご家族を失ったご遺族の衝撃というのは、これも「天命だから」とか「寿命だよね」なんて言われても、言われているほうはそんな気持ちにはならないものです。どんなに長生きしたとしても、自分の配偶者とかご家族を亡くせば、残された家族には当然大きな喪失感が襲ってくるわけです。

そのために施設では看取りが終わったあともご遺族のためにケアを行っていきます。これを「グリーフケア」と言います（池田洋子ほか［二〇〇六］九〇頁参照）。

これはどういうことかと言えば、家族や親しい関係の身近な人を亡くされた方が、その時に体験する複雑な情緒的な状態を「グリーフ」（悲嘆）と呼んでいます。多くの方はこのことに悲嘆し、ご夫婦であれば、分身を亡くしたような、半身を亡くしたような状態になるのです。このような方々に寄り添って援助・支援することをグリーフケアを行うと、私たちは言っています。

身近な人を亡くすと、人間はどなたでも精神的なショックを受けると思います。それに連動して身体にもその反応が現れてくると思います。どんなに我慢強い人でも、無意識中に起こっているストレスまでは止められないものです。それで、個人差はあるものの、身体の調子が悪くなることが多々あります。それは当然、日常生活や行動にも変化をもたらします。こういう状況を少しでも少なくする工夫をしないといけません。それはショックを受けて平常心ではいられなくなるからです。

そういう状態に陥ると、内側に閉じこもってしまうことになるのですが、それをなんとか自分の力で癒して、もとの生活に戻っていくことになりますけれども、そのように順調な経過を辿るご遺族は、私の経験上ほとんどいらっしゃいませんでした。普通はショックを受けて閉じこもり、気持ちをひどく落ち込ませます。この状態にまでなってしまうと、いくら他人が慰めたところで回復しません。それでもこういう状態になってしまったら、なるべく誰かが寄り添っていく必要があります。

このいわゆるグリーフ状態になってしまうと、感情の麻痺、怒り・恐怖・不安感・孤独・寂しさ・やるせなさ・罪悪感、後悔などが生まれてきます。それに当然、身体にも不調が出てきます。まず寝ることができなくなります。それから食欲がなくなってしまいます。睡眠と食欲がなくなれば、皆さんもご存知の通り、体力がなくなるわけです。体力がなくなれば、心のうちに押さえ込んでいた気持ちというものが心の表面に表出されてしまうことになるのです。それが原因で病気などになってしまって日常生活の行動にも変化が出てきます。それぐらい家族を亡くすということは、その人にとってショックが大きいものです。

では、私たちはこのような状態になってしまった方々を、どのような援助・支援していくのかというと、最初に亡くなった方の思い出の会を催します。ご家族の方に集まっていただいて、ほんの短い時間ですけれども、定期的に亡くなってから一年くらいは続けていきます。一箇月に一回くらい、三十分か一時間くらい施設にきていただきます。

そして「何々さんはどんな人でしたか」という問いかけからはじめ、様々なことを話し合います。亡くなった方の人生を振り返っていくのです。例えば、どのような恋愛をしていたのか、そのようなお話をしていただきます。その他にも亡くなった方とご自身との関わりはどうでしたかとか。そのようなお話をしていただくために施設にきていただきます。

ご自宅にはうかがいません。それはなぜかと言えば、少しでも外へ出ていただいたほうがいいからです。「いらしてください」と何回も連絡を差し上げます。時には、こちらから車を出して迎えにいくこともあります。そういうことをグリーフケアとしてやっていきます。グリーフケアを行う期間としては一年から二年程度になります。そうしてようやく看取り介護が終わるのです。

先ほどから繰り返しお話していますように、私たちは看取り介護の方法について常に悩み考えています。一〇〇%完璧な看取り介護というものは存在しません。それほど他人が看取り介護を行うというのは、とても無理のある行為であると、私個人は考えています。いちばんの理解者は誰かと言えば、それは身近な家族にほかなりません。看取り介護というのは、介護を行う側の私たち介護職員が必死に考えて真摯に行わないといけない、通常の介護に比べると、何十倍もの労力が要求される介護なのです。

本日は「看取り介護」ということについて、是非とも皆さんの心の中にとどめていただきたく、またこのことについてまわりの同世代の方々とも共有していただいて、なるべくご自身のイメージ通りに最期を迎えられるような努力をしていただきたい、という想いから、このようなお話をさせていただきました。

最後に、次の資料をご紹介させていただきたいと思います。この資料は熊本県にある特別養護老人ホーム「みかんの丘」の金澤剛理事長が「看取り介護」に対するご自身の考えを施設のホームページに掲載したものの一部になります。

このように看取り介護がこれまでの日常から特別にかけはなれたことではないのです。逆なのです。これまでの日常から遠くはなれた時間や空間にしてはいけないのです。看取り介護は「死」の援助ではなく「生きる」姿をいかに支えるかという視点で必要なのです。その人らしい生活、あるいはその人の「ほまれ」ある生き方の延長線に「死」があるべきだと思います。だから私どもは「生きる」姿をいかに支え続ける必要があると思います。人は誰しも、最後まで自分らしく生きていく為にその環境の中で、また心が落ち着く場所での安心を望むのだと思います。

この施設ではこのようなことを考えながら看取り介護を行っているということです。私も理事長の考えと同様に、ご本人の人生の最期の時間を誉れある瞬間として作らせていただきたいなと思っています。

全国には様々な介護施設があると思いますが、どこであれ、看取り介護を行っている介護職員なら、本日お話させていただいたようなことを行っていると思います。ですので、看取り介護やその他の介護のことで、なにかお困りのことがあれば、是非施設や介護職員に相談していただきたいと思います。絶対に一人で抱え込まないでください。専門家に頼ることで、介護にかけるご自身の負担を少しでもへらしていただいて、ご自身の人生も楽しんでいただきたいと思います。

参考文献

略語

『大正』—高楠順次郎編『大正新脩大藏經』全一〇〇巻、大正一切經刊行會、一九二四～一九三四年

『定遺』—立正大學日蓮教學研究所編纂『日蓮聖人遺文—昭和定本—（改訂増補版）』全四巻、総本山身延久遠寺、一九八八年

第一章　望月海慧

赤沼智善編『印度佛教固有名詞辞典（復刊）』法藏館、一九六七年
片山一良訳『長部（ディーガニカーヤ）大篇I』大蔵出版、二〇〇四年
ショバ・ラニ・ダシュ著・福田琢訳『マハーパジャーパティー—最初の比丘尼—』法藏館、二

〇一五年
菅沼　晃『ブッダとその弟子89の物語』法蔵館、一九九〇年
奈良康明監修『ブッダ知れば知るほど』実業之日本社、二〇〇一年
服部育郎『インド仏教人物列伝―ブッダと弟子の物語―』大法輪閣、二〇一二年
藤井教公訳『現代語訳妙法蓮華経』アルヒーフ、二〇一〇年
及川真介訳註『仏の真理のことば註（二）―ダンマパダ・アッタカター―』春秋社、二〇一六年
村上真完・及川真介訳註『仏弟子達のことば註（三）―パラマッタ・ディーパニー―』春秋社、二〇一五年
村上真完・及川真介訳註『仏弟子達のことば註（四）―パラマッタ・ディーパニー―』春秋社、二〇一六年
渡瀬信之訳『マヌ法典―サンスクリット原典全訳―』中央公論社、一九九一年
渡辺照宏『仏教女性物語』河出書房新社、一九六五年

渡辺照宏『新釋尊傳』大法輪閣、一九六六年

第二章　木村中一

石川教張訳著『日蓮聖人の手紙―現代文―』全五巻、国書刊行会、二〇〇六年
日蓮著・米田淳雄編『平成新修日蓮聖人遺文集』日蓮宗連紹寺不軽庵、一九九四年

第三章　吉村彰史

井上ウィマラ・葛西賢太・加藤博己編『仏教心理学キーワード事典』春秋社、二〇一二年
片桐洋一・福井貞助・高橋正治・清水好子校注・訳『竹取物語・伊勢物語・大和物語・平中物語（新編日本古典文学全集12）』小学館、一九九四年
片山一良訳『長部（ディーガニカーヤ）パーティカ篇Ⅰ』大蔵出版、二〇〇五年
大嶋忠雄『愛のハーリティー鬼子母神の物語―』日蓮宗新聞社、一九八六年

サンガ編集部編著『グーグルのマインドフルネス革命―グーグル社員5万人の「10人に1人」が実践する最先端のプラクティス―』サンガ、二〇一五年
柴田寛彦・秦孝悦・金光淨・村瀬正光『千代見草―仏教看護と臨終行儀―伝心性院日遠著―』日蓮宗新聞社、二〇一一年
中村元監修・森祖道・浪花宣明編集『長部経典（原始仏典Ⅲ）』春秋社、二〇〇四年
中村元著・東方研究会編『「東洋」の倫理』春秋社、二〇〇五年
中村　元訳『ブッダの真理のことば感興のことば』岩波書店、一九七八年
中村　元訳『ブッダのことば―スッタニパータ―』岩波書店、一九八四年
中村　元訳『ブッダ神々との対話（サンユッタ・ニカーヤⅠ）』岩波書店、一九八六年
日本仏教保育協会編『わかりやすい仏教保育総論（改訂）』チャイルド本社、二〇一〇年
広井良典『ケア学―越境するケアへ―』医学書院、二〇〇〇年
藤腹明子『仏教看護入門』青海社、二〇一二年

藤本　晃『功徳はなぜ廻向できるの？―先祖供養・施餓鬼・お盆・彼岸の真意―』国書刊行会、二〇〇六年

藤原聖子『教科書の中の宗教―この奇妙な実態―』岩波書店、二〇一一年

松本光華『大白牛車は誰のもの―譬喩品第三―（民話風法華経童話その四）』中外日報社、一九八八年

松本光華『夢にも思わぬ億万長者―信解品第四―（民話風法華経童話その五）』中外日報社、一九八八年

松本光華『智慧おくれも秀才も―皆もってる衣裏宝珠　五百弟子授記品第八―（民話風法華経童話その九）』中外日報社、一九九〇年（識語A）

松本光華『悪人ダイバも八歳の竜女も―父も母も仏になれる　提婆達多品第十二―（民話風法華経童話その十三）』中外日報社、一九九〇年（識語B）

松本光華『佛の寿命は永遠に―良医のたとえ　如来寿量品第十六―（民話風法華経童話その十

七)』中外日報社、一九九一年
宮沢賢治『農民芸術概論　手帳　ノートほか』筑摩書房、一九九五年
木喰著・柳宗悦編註『木喰上人和歌選集』木喰五行研究会、一九二六年

第四章　中野一茂

池田洋子・宮崎和加子執筆『在宅での看取りのケア―家族支援を中心に―』日本看護協会出版会、二〇〇六年
厚生労働省／政策について／審議会・研究会等／中央社会保険医療協議会／中央社会保険医療協議会総会／第一八五回―資料／資料（総―六―二参考）
http://www.mhlw.go.jp/stf/shingi/2r98520000105vx.html
全国老人福祉施設協議会／調査・研究／調査内容を調べる／その他の調査・研究事業／平成二十七年五月十五日／平成二十六年度老人保健事業推進費等補助金（老人保健健康増

進等事業分）事業特別養護老人ホームにおける看取りの推進と医療連携のあり方調査研究事業看取り介護指針・説明支援ツール平成二十七年度介護報酬改定対応版
http://www.roushikyo.or.jp/contents/research/other/detail/224
総務省統計局／統計データ／国勢調査／調査の結果／抽出速報集計結果／概要（第一部　結果の解説） http://www.stat.go.jp/data/kokusei/2015/kekka/pdf/gaiyou1.pdf
特別養護老人ホームみかんの丘／みかんの丘／理事長のつぶやき／初めての看取りを終えて
http://www.mikan-oka.com/tsubuyaki/tsubuyaki20141029.html

編集後記

今回、『身延山大学教養選書Ⅲ　仏教福祉と家族問題』として発刊いたします内容は、「現代社会における家族問題―仏教と福祉の視点より―」という総合テーマで開催しました平成二十八年度の身延公開講座（六月二十六日～七月二十三日）、ならびに甲府公開講座（十月一日～十一月二十七日）の五講座中、四講座を活字化したものです。

望月海慧教授の講演「釈尊とその家族」は、仏伝に記されている釈尊とその家族との関係、あるいは仏典の中に語られている親族問題を具体的に紹介することで、その問題が現代の家族問題に通ずる所があることを指摘します。

木村中一准教授の講演「日蓮聖人のお手紙に見る家族のあり方」は、日蓮聖人が弟子・檀越に宛てた書状、特に光日尼と千日尼宛の書状をとりあげ、一般的には、厳格なイメージがある日蓮聖人が、相手を思いやる暖かい目で、家族の絆を重んじ励ましていたことを紹介しています。

吉村彰史立正大学非常勤講師の講演「家族の幸せと仏教福祉―共に生きる―」は、仏典の中から、親子関係、夫婦関係の愛情を説く話を平易に紹介しながら、そこで説かれた関係が片務的のものではなく、相互に思いやり、ケアする関係であることを指摘し、それが現代の家族関係にも活かされねばならないことを強調します。

中野一茂特任講師の講演「看取り―施設で亡くなるということ―」は、高齢者福祉施設での「看取り介護」がどの様になされているのかを、グリーフケアを含めて解説し、実際に介護職員として看取りを行った経験をふまえ、施設利用者のみならず、その家族の視点から問題点を浮き彫りにします。

現代社会において、家族問題は重要な課題となっています。たとえば、代理出産や人工受精等の生殖補助医療等の問題を含め、家族の在り方が問われています。日本においても経済的要因による晩婚化や非婚化が、ますます少子化を推し進め、共働きによって家族団欒の時間が奪われ、親族関係はますます希薄化しています。このような状況において、家族の在り方を再認識すべき時がきていると言えましょう。仏教と福祉の視点から家族問題を取り上げた本書がその一里塚となれば幸いです。

本書の編集は、『身延山大学教養選書Ⅰ　インドの大地と仏教』の編集代表・池上要靖教授と、『身延山大学教養選書Ⅱ　アジアに広まる仏教』の責任編集者・金炳坤准教授が担当しました。ご担当いただきました先生方に謝意を表します。そして最後に、本書を出版するにあたり、ご尽力いただきました山喜房佛書林の浅地康平社主に心より御礼申し上げます。

平成二十九年三月吉日

身延山大学生涯学習委員会委員長　長又高夫

《執筆者略歴》

望月海慧（もちづきかいえ）　1962年、山梨県生まれ。東京都立大学法学部法律学科卒業、立正大学大学院文学研究科仏教学専攻博士後期課程単位取得満期退学。博士（文学・立正大学）。身延山大学教授、同大学東洋文化研究所長。専門分野はインド・チベット仏教。著書に『全訳 アティシャ 菩提道灯論』、責任編集に *Acta Tibetica et Buddhica* など。

木村中一（きむらちゅういち）　1977年、福井県生まれ。立正大学仏教学部宗学科卒業、立正大学大学院文学研究科仏教学専攻博士後期課程宗学コース満期退学。修士（文学・立正大学）。身延山大学准教授。専門分野は日蓮教団史、日蓮宗出版史。著書に『鷲峯山常忍寺史話』『瑞光寺史話』、編著に『身延山資料叢書』『最初具足山妙顕寺史』など。

吉村彰史（よしむらしょうし）　1981年、大阪府生まれ。大阪市立大学文学部人間行動学科卒業、立正大学仏教学部卒業、立正大学大学院社会福祉学研究科博士後期課程修了。博士（社会福祉学・立正大学）。立正大学社会福祉学部非常勤講師。専門分野は仏教福祉学。論文に「仏教福祉思想の枠組み：原始仏教経典を中心として」「『法華経』における仏教福祉の思想：人間観・援助観を中心に」など。

中野一茂（なかのかずしげ）　1966年、愛知県生まれ。岐阜経済大学経済学部経済学科卒業、九州保健福祉大学大学院連合社会福祉学研究科博士（後期）単位取得満期退学。修士（社会福祉学・九州保健福祉大学）。身延山大学特任講師。専門分野は社会福祉、高齢者福祉、介護福祉。共著に『認知症高齢者の介護』『社会福祉概論：現代社会と福祉（第4版）』など。

《編集者略歴》

池上要靖（いけがみようせい）　1958年、山梨県生まれ。立正大学仏教学部仏教学科卒業、立正大学大学院文学研究科仏教学専攻博士後期課程単位取得満期退学。修士（文学・立正大学）。身延山大学教授。専門分野は初期仏教、東南アジア仏教、仏教福祉学。著書に『介護現場のこころのケア：きかせてください現場の悩み』、編著に *Comprehensive Report of the Project to Research and Restore Buddhist Statues in the Luang Prabang Area of LAO P.D.R : Sep/2001 ～ Mar/2006* など。

長又高夫（ながまたたかお）　1964年、埼玉県生まれ。國學院大學文学部史学科卒業、國學院大學大学院文学研究科日本史学専攻博士課程後期単位取得満期退学。博士（法学・國學院大學）。身延山大学教授。専門分野は日本法制史、日本中世史、日本文化史。著書に『日本中世法書の研究』、論文に「『御成敗式目』編纂試論」など。

《責任編集者略歴》

金　炳坤（キム　ビョンコン）　1977年、大韓民国ソウル生まれ。尚志大学校生命資源科学大学食糧園芸科学科卒業、立正大学仏教学部仏教学科卒業、立正大学大学院文学研究科仏教学専攻博士後期課程仏教学コース研究指導修了。博士（文学・立正大学）。身延山大学准教授。専門分野は法華弘通史、東アジア仏教。編著に『法華経研究叢書』など。

身延山大学教養選書Ⅲ

仏教福祉と家族問題

平成二十九年三月三十一日　発　行

編著者　身延山大学仏教学部
著　者　池上要靖／長又高夫／金　炳坤
　　　　望月海慧／木村中一／吉村彰史
　　　　中野一茂

刊　行　身延山大学
〒409-2597山梨県南巨摩郡身延町身延三五六七
電話〇五五六―六二―〇一〇七
発行所　株式会社山喜房佛書林
〒113-0033東京都文京区本郷五丁目二八番五号
電話〇三―三八一一―五三六一
印刷所　長野印刷商工株式会社

ISBN978-4-7963-0791-8　C1015